몬테소리

증보

일상 생활 영역

한미몬테소리협회

몬테소리 교실의 전경

창지사

책을 출판하며 …

1983년 당시만 해도 우리에겐 너무나 생소했던 몬테소리 교육 방법이 김귀현(Claire Kim) 선생님의 방한으로 우리들에게 큰 감동과 호기심을 불태우게 되었습니다. 해가 거듭될수록 몬테소리 교육에 매혹된 사람들의 열망이 더욱 강해져 결국 1988년 뜻을 같이한 원장님과 수녀님들이 모여 김귀현 선생님을 모시고 협회를 조직하여 몬테소리 교육의 올바른 보급 방법을 연구하게 되었습니다.

미국에서 몬테소리 교사 교육의 책임자로서 활동하고 현장에서 많은 경험을 하신 김선생님의 강습에 오셨던 원장님들은 새롭고도 신비한 교육 방법에 흥분했고 뜨거운 감명을 받았습니다. 우선 시급한 것은 현장에서 뛰어야 할 교사들의 양성이었습니다.

몬테소리 교육의 핵심은 '준비된 환경' 입니다. 준비된 교사가 있어야 준비된 교실과 교구를 준비할 수 있기 때문입니다.

몬테소리 교육은 마리아 몬테소리 여사의 교육 철학적 이론과 5개 영역의 시범 교육을 받고 스스로 지도안을 쓰고(사진 또는 그림을 그려) 앨범을 작성하는 과정을 마쳐야 합니다.

우리 협회는 미국에서 실시되고 있는 방법 그대로를 전달하되 한국의 문화와 현장의 어린이들에게 적합한 방법을 연구하고 관찰을 통해 수정 · 보완하면서 오늘에 이르렀습니다.

우리 협회의 강사진 전원이 미국의 몬테소리 교사 교육 과정인 MOMTEP(Missouri Montessori Teacher Education Program)을 수료하고 A. M. S(American Montessori Society) 자격증을 가지고 있으며 현재 대부분이 모범적인 유아 교육 기관을 운영하고 계십니다.

15년전 서울에서 시작된 한미몬테소리협회는 발전을 거듭하여 현재 제주도, 김해, 그리고 전주에 지부를 두었고 지방에 있는 교사들에게 시간적, 경제적 편의를 도모하며 연간 200여명의 교사 교육을 실시하고 있습니다.

15년간 배출된 많은 몬테소리 교사들이 전국 각처에서 올바른 몬테소리 교육에 헌신하며 보람된 시간을 보내고 있음을 자부합니다.

앞에서 말한 것과 같이 5개 영역의 앨범 작성을 통해 교육을 평가했지만 시대의 변화에 따라 꼭 그 방법만 고집하기에는 부적절하다는 의견이 모아져 5개 영역의 지도안을 책으로 출판하게 되었습니다.

이 책은 몬테소리 교사 교육 과정의 5개 영역 중 필수적인 한 영역으로서 사용될 것입니다. 앨범 작성을 하지 않는다는 편리함이 있으나 이 책만 가지고는 부족할 수 있으니 개인적으로 많이 보충하여야 할 것입니다. 앨범 작성에 들어가는 시간을 줄이고 현장 교육에 치중할 수 있기를 바랍니다. 이 책의 출간을 위하여 강사진 전원이 모여 여러 날을 같이 지내며 모범적인 지도안을 수정 · 보완하고 편집하였습니다. 수고해주신 모든 강사님들께 감사드립니다.

끝으로 그간 몬테소리 교육의 올바른 정착을 위해 뜨거운 사랑과 정열을 쏟아 우리 협회를 이끌어 오신 김귀현 선생님께 심심한 감사를 드립니다. 한미몬테소리협회 모든 회원은 협력하며 협회의 발전을 도모하고 확실한 교사 양성에 힘쓰겠습니다.

2004년 2월

협회장 김 수 은

차 례

I. 일상 생활 교육 이론

Ⅱ. 일상 생활 교육 내용

1 몬테소리 이전

2 몸 가꾸기

몸가짐과 습관

옷 틀

몸치장 하기

3 환경 가꾸기

4 소근육 발달

물 옮겨 붓기

짜 기

돌리기

바느질

5 대근육 발달

6 사회 생활 발달

I 일상 생활 교육 이론

1. 몬테소리 일상 생활 교육의 토대
2. 일상 생활 교육의 의의 및 목적
3. 용구의 조건과 배치 및 교구 시범 원리

1. 몬테소리 일상 생활 교육의 토대

1) 일상 생활 교육의 초석

2) 동작과 일상 생활

3) 손과 정신

1) 일상 생활 교육의 초석

일상 생활 교육은 몬테소리 교육의 전 과정에서 기초가 되는 위치에 있는 영역으로서 인격 형성의 기본이 되고 있다. 실질적인 지식에 놓인 함축적인 가치를 높게 평가(Kramer, 1988 : 364)한 몬테소리는 일상 생활 훈련(Exercises of practical life)을 어린이집의 일과에 포함시켰다.

몬테소리는 어린이가 상상력의 영역에서만 놀려고 하기보다는 바로 가까이 있는 현실을 정복하려 한다는 것을 인식하였다. 어린이는 무거운 것을 들어서 다른 장소로 옮기려 하거나 중심 잡는 연습을 위해 어딘가를 기어 오르려고 한다. 뿐만 아니라 열쇠를 열쇠 구멍에 맞추어 보려고 하고 식물에 물을 주고 싶어 하며 사물을 탐구하려고 한다. 그들은 어른 가까이에서 놀기를 즐겨하고 어른들의 일에 함께 참여하고 싶어 한다. 이러한 일을 통해서 어린이는 자아존중감을 높이며 주변의 사물들을 인지해 나간다. 이러한 활동은 어린이의 생활을 기쁨으로 채운다. 그들은 자신의 의지에 따라 행동하기를 원하며, 현실과 유리된 생활을 원하지 않는다. 현실을 받아들여 그들만의 독특한 방식의 생활을 창조해 간다. 몬테소리는 어린이들이 가정에서 하고 싶어 하던 활동들을 어린이집에서 할 수 있도록 준비해 주었다(Kramer, 1983 : 173).

일상 생활 교육은 어린이의 모방 본능에 주목하여 어린이가 일상 생활을 성공적으로 수행해 나갈 수 있도록 실제적인 경험을 제공하는 것이다. 어린이들은 무엇인가 이해할 수 있는 것을 하기를 원한다. 쓸데없고 무의미한 놀이가 제공될 때 어린이들은 무관심하게 되며 반항적이 된다(Kramer, 1983 : 199).

일상 생활 활동들은 옷입기와 씻기, 벗기, 집보기, 정원 가꾸기와 식사 차리기 등이다. 그 외에도 진흙으로 만드는 수작업이 있고 어린이가 매달릴 수 있는 기구를 사용한 운동, 피곤할 때 다리에 힘 빼기, 그리고 음악에 따라 행진하는 운동 등이 있다. 단추, 리본, 고리 등이 달려 있는 옷들을 준비하여 어린이가 옷입기를 할 수 있도록 한 활동과 일상적인 가정 물건, 대야, 접시, 정원 도구 등도 있다. 어린이는 그녀가 강조한 '살아 있는 장면' 에서 실제적인 작업을 할 수 있도록 실물들을 사용할 수 있기 때문에 흥미를 갖고 작업하게 된다(Kramer, 1983 : 209).

몬테소리는 교실이라는 산 실험실에서 어린이의 행동을 관찰함으로써 그들의 필요와 요구를 파악하였다. 어느날 책상 위를 청소하다가 먼지가 일어나는 것을 본 어린이는 열심히 청소를 하였으며 먼지에 대한 흥미로 솔을 들고 창틀의 먼지가 있는 곳으로 다가갔다. 굉장히 기쁘게 작업하는 것을 목격한 몬테소리는 먼지 털기, 쓸기 등을 교육 내용으로 선택하였고 어린이가 평소에 가정에서 하고 싶어 하던 활동들, 즉 세탁하기, 금속 닦기, 다림질하기 등과 같은 일상중의 생활을 어린이 자신이 행할 수 있게 하였다.

이러한 환경 관리 이외에 자기 자신 관리도 교육 내용으로 채택하였다. 어린이들에게 코푸는 것을 알려줘야겠다고 생각한 몬테소리는 손수건을 가지고 진지하게 코를 푸는 시범을 보여주었다. 어린이들은 넋을 잃고 바라보았고 전혀 웃지 않았다. 수업이 끝났을 때 그들은 열광적인 박수를 쳤다. 코풀기에 대한 몬테소리의 회고는 감동적이다.

> 나는 어느날 어린이들 앞에서 코풀기를 시범해 보였다. 어린이들은 누구도 웃지 않고 정말 흥미롭게 수업을 경청하고, 시범이 끝났을 무렵 극장의 관객처럼 환호의 갈채를 보냈으며 큰소리로 "감사합니다"라고 말했다(Montessori, 1967 : 149).

몬테소리는 상상치 못한 어린이들의 이런 반응이 왜 나타나게 되었을까를 곰곰이 생각했다. 성인들은 코 푸는 데 어려움을 겪는 어린이들을 야단만 쳤지 누구도 진정 코 푸는 것을 가르쳐 주지 않았던 탓이라는 것을 알게 되었다. 몬테소리가 코푸는 것을 정식으로 가르쳐 주었을 때 어린이들은 코풀 때 일어났던 평소의 굴욕적인 일에 대하여 보상받은 듯한 느낌을 받았고 동시에 그 일을 통하여 자신들의 인격적 존엄성을 인정받았다고 느꼈다.

어린이들의 자연적인 성향을 개발하는 것이 교육의 본질이며 이것이 곧 자발적인 자기 개발이라고 볼 때 어린이들에게는 다음과 같은 성향이 자연스럽게 발현된다. 예를 들면 어린이들은 옷을 입혀 주는 것보다 자기 스스로 입는 것 자체를 더 좋아한다. 그리고 옷이 깨끗해진 상태를 보며 만족해 하기 보다 스스로 빨래하는 것을 더 좋아한다. 어린이의 자기 개발은 진정한 자신만의 즐거움이다.

이상에서 몬테소리는 어린이들의 독립적인 삶을 도와주고 그들의 생리적 · 심리적 발달에 도움이 되는 최적 교육의 기초로서 일상 생활 교육을 선택했음을 알 수 있다. 어린이들의 원초적인 외침으로서 '혼자 할 수 있도록 도와주세요' 를 근원적으로 할 수 있도록 도와주는 것이 바로 일상 생활 교육이다.

2) 동작과 일상 생활

1 동작과 정신 발달

몬테소리는 인간과 동물을 구분하는 기준으로 지능을 제시한다. 다른 동물과 달리 미성숙한 채로 탄생되는 인간이 만물의 영장으로 성장할 수 있는 것은 이성을 갖는 존재임을 입증한다.

몬테소리는 인간 신체의 각 기관은 신경 조직이 형성된 후에 형성된다는 커힐(Coghill)의 연구 결과를 제시하면서 어린이의 동작(움직임)의 출발점은 운동 근육에 있는 것이 아니라 심리적인 것에 있으며 "인간 발달의 가장 중요한 측면은 정신적인 면"이라고 하였다. 몬테소리는 "그러므로 인간은 처음에는 지능에 있어 성장을 거듭하며, 나머지 발달은 어린이의 정신적인 삶이 완전히 이루어진 후에 행위의 양식이 이루어진다(Montessori, 1955 : 74)."고 하였다.

동작은 발달의 기초이다. 어린이는 자발적으로 움직이면서 외부의 자극을 인식하여 자신을 형성해 간다. 동작은 지능을 구축하는 본질적인 요소로서 환경과 상호작용할 수 있는 매개체이다. 어린이는 동작을 통하여 환경을 인지하고 시·공간 개념, 사물들의 동일성과 상이성, 다양한 질서의 개념 등을 획득해 간다. 개념을 구체적인 행동으로 표현함으로써 동작이 바뀌고 경우에 따라서는 교정된다. 이러한 훈련을 통하여 어린이는 점점 더 사실적이 되고 유능해진다(구경선, 2002 : 333).

동작은 정신 발달을 돕고 이것은 더욱 새로워진 동작과 활동에서 발견된다. 이렇게 정신과 동작은 유기적인 순환의 메커니즘을 형성하며 발달해 간다. 그러므로 감각 활동의 기회를 충분히 갖지 못한 어린이는 낮은 정신 수준에 머무르게 된다(Montessori, 1995 : 142).

동작의 시초는 정신이다. 동작은 정신 발달에서 대단히 중요한 위치를 차지하는 것으로서 정신과 지속적으로 연결되어 있다. 동작을 위한 본질적인 기능은 어린이의 끊임없는 관찰, 비교, 판단을 통한 지능의 기초 위에 세워진 감각 기능이어야만 한다. 즉, 감각을 통해 뇌에 전달된 외적 자극은 다시 근육으로 전달되어 동작을 일으키게 하기 때문이다.

이상에서 감각 조직과 동작 체계는 분리할 수 없는 하나의 통합체임을 알 수 있다. 즉, 근육은 인간을 주변 세계와 관계를 맺게 하는 관계 조직이라고 할 수 있다. 이것은 인간에게 감각 조직과 동작이 없다면 개인과 환경, 그리고 사회와 관계를 맺을 수 없음을 시사한다.

어린이는 다양한 움직임을 통해 신체에 대한 자아 의식을 기르고, 아울러 적절한 동작 기술을 발달시켜 타인과 원만한 관계를 맺는 사회적 기술을 증진시키게 된다. 또한 어린이는 동작과 감각의 기능을 통해 심리적, 정신적, 그리고 정서적, 도덕적 능력 전체를 형성해 나간다.

그러므로 동작은 인간 발달 전체를 결정하는 자발적인 활동이며 심리적 활동이다. 어린이의 삶 전체와 관계되는 모든 기능들은 동작과 밀접한 관계가 있다.

2 작업과 동작

몬테소리는 "어린이의 작업에 대한 욕구는 생생한 본능이기 때문에 작업 없이는 자신의 인격을 형성할 수 없다. 이러한 능력을 발달시키고 형성하는 것이 교육의 성과라면 교육은 분명히 특별한 것"(Montessori, 1988 : 188)이라고 하였다.

몬테소리(1988 : 79, 96-97)는 작업의 필요성을 다음과 같이 설명하고 있다. "인간은 동물과는 달리 이미 조절된 운동 능력을 가지고 태어나지 않기 때문에 자기 자신의 운동을 결정하거나 조절하지 않으면 안 된다."라고 하고 그것은 '작업' 또는 '동작'을 통해서 되는 것이라고 하였다. 이와 같은 생각에 근거하여 몬테소리는 작업과 동작을 통하여 자기를 표현할 수 있는 자동 교육적 방법을 제시하게 되었다. 몬테소리 교육 사상에서 인간은 작업을 통해서 자신의 인격을 형성하고 자신을 완성시켜 나간다. 그러므로 어린이의 인격 형성을 위해서 작업은 필수적인 것이다.

몬테소리는 어린이가 작업을 통하여 진정한 흥미를 나타내고 집중, 반복의 과정을 통하여 만족감을 가지도록 함으로써 자신의 내적 훈련과 자신감의 형성을 돕는 교육 방법을 연구하였다.

몬테소리는 작업을 어린이의 자아 전체가 행하는 전인격적인 활동으로서, 민감기의 에너지에 의해 촉구되어 전인격적으로 선택하고 깊은 사적 리듬으로 환경에 관계하는 것으로 보고 있다. 어린이는 무의식적 노동자(unconscious labor)로서 작업자이며 생산자이다. 어린이의 성장 발달은 성인을 모방하는 행동에 의해 이루어지는 것이 아니고, 능동적인 작업자로서 성인으로 발달해 간다. 작업은 정신적인 에너지(spiritual energy)에 의해 야기되어진 것으로서 어린이의 작업은 그 자체가 목적(Montessori, 1988 : 196)이라고 하였다.

몬테소리는 성인은 어떤 목적 획득을 위해서 작업을 하고 최소의 노력으로 최대의 효과를 얻으려 하지만 어린이의 작업은 최대한의 잠재적 에너지를 사용하여 자기 자신을 표현해 내려는 것이라 하였다. 더불어 이러한 어린이를 '창조적 노동자(Montessori, 1988 : 194)' 라고 표현하고 있다.

이러한 작업이 어린이 자신의 발달 단계 또는 내적 욕구에 적합한 것이라면 외적으로는 작업의 반복을 들 수 있고 내적으로는 주의력 집중이 생겨나게 된다고 하였다. 전자는 '동작의 조정' 을, 후자는 '의지의 발달' 을 가져 오는데 이 둘은 상호 밀접한 관계를 가지고 발달한다고 하였다. 동작은 의식 구조 발달에 중요한 요소이며 일상 생활의 작업은 어린이의 동작에서 시작된다. 작업은 동작과 분리할 수 없다. 거대한 인간 사회와 인간의 생활은 동작과 밀접하게 관련되어 있다. 사회적 질서는 동작이 구축한 결과의 향방에 따라 좌우된다. 사회 생활의 첫 걸음마기 어린이는 개인과 사회가 구축해 놓은 결과에 따라 행동하게 된다. 사회의 중심부에 있는 개인은 모든 사회의 총체와 개인적인 목적에 도달하기 위해서 움직인다. 작업은 개인의 욕구만 충족시키는 행동에 한하는 것은 아니다. 예를 들면 청소나 집안 일 같은 활동들은 타인을 위한 봉사의 목적을 성취하는 의미를 지닌다. 만일 이러한 목적이 없다면 인간의 일(작업)은 신체적 훈련 이상의 아무 것도 아니다. 춤은 의심할 여지없이 모든 동작 가운데 가장 개인적인 것이다. 하지만 관객이 없는 춤은 무의미해진다. 다시 말하면, 사회적 목적이나 이상적인 목적이 없는 작업이나 행위는 가치를 상실한다는 의미임을 말해 준다(Montessori, 1995 : 147).

개인이 우주적 관점에 입각한다면 생활 속에서의 동작들은 자신만이 아닌 타인을 위한 목적을 갖는다는 의미이며, 인간이 모든 생활 속에서 우주 계획의 전망을 갖는 것은 의도적인 목적 이상의 효과를 지향하는 동작에 의존하는 것이다. 우리는 이를 통해 어린이 작업을 더 잘 이해하고 더 훌륭히 이끌 수 있을 것이다. 우리는 어린이에게 결과를 원하는 것이 아니라 과정 자체에서 배울 수 있도록 해야 한다. 결국 일상의 작업은 어린이가 동작을 하기 위해서 동기를 부여하고 자신의 행동을 조직하는 데 중점을 둔다.

3) 손과 정신

1 손작업의 의미

원시시대로부터 인간은 손을 이용해 환경을 유용하게 만들어 왔다. 선사시대의 동굴벽화가 보여주듯이 인간은 손으로 예술을 창조하였으며, 이를 통해 우리는 그 시대를 예측할 수 있다.

조각가, 미술가, 음악가들은 손으로 그들의 예술을 표현한다. 음악가들의 손은 예민하게 악기를 느끼고 다루고, 그로 인하여 귀의 감각도 섬세해진다. 손은 섬세한 악기를 제작할 때도 필수적인 도구의 역할을 한다. 황무지를 열매 맺는 땅으로 만들거나 아름다운 정원을 가꾸는 것도 손이다. 기계가 발명되기 전에, 손의 역할은 정신과 대지와의 직접적인 연결 고리가 되어야 했다. 인간의 창조적인 작업을 중단하지 않기 위해서 손은 필수 불가결한 요소이다.

손작업은 손체조와 구별된다. 손체조가 손을 훈련하는 것이 목적인데 비해 손작업은 사회적으로 유용한 어떤 목적이나 그에 가까운 목적을 가지고 일정한 작업을 달성한다. 그러므로 손체조는 개인을 숙달시키고, 손작업은 세계를 풍요롭게 한다. 그러나 일반적으로 자신의 손을 숙달시킨 사람만이 유용한 산물을 생산할 수 있기 때문에 그들은 서로 밀접한 관련이 있다(이상금, 1999 : 181).

몬테소리(1946 : 62)는 인간의 동작은 정신 발달을 돕고 정신 발달은 더욱 향상된 동작과 활동으로 표출됨을 상기시킨다. 정신적 고귀함은 작업을 통해 이루어질 수 있으며 손에 의한 작업이 정서와 지능을 동반하여 정신과 육체가 조화롭게 발달되는 전인교육의 틀을 형성하게 된다고 본다.

몬테소리는 어느날 자신의 손을 바라보면서 "이 손이 얼마나 많은 일을 했는가?" (Kramer, 1988 : 146)라고 회고한다. 손은 모든 외계 자극의 통로이며 지식의 입문처 역할을 한다.

모든 작업은 손에 의해 이루어진다. 어린이는 작업을 통해 자신을 개발시킨다. 0~3세의 어린이는 모방하고 운동하며 손을 움직이는 조작적 놀이와 물건을 쥐는 행동을 통해 외부의 인상들을 흡수하여 지식으로 삼아간다. 또한 어린이는 사람들을 영접하고 교구를 다루고 옮기는 것 같은 사회적인 행동들을 예의있게 손으로 동작한다.

어린이의 행동을 몬테소리는 '작업'으로 표기하고 있다. "어린이에게 있어서 손의 행위는 작업 욕구를 처음으로 밝히는 삶의 욕구이다(Montessori, 1995b : 95)." 몬테소리는 어린이의 작업을 어른의 작업과 구분한다. 작업에 대한 어린이의 관계를 몬테소리는 '본성적인 욕구'로 표현한다. 어린이의 작업 충동은 몬테소리의 견해에 의하면 활동에 대한 충동이 인간의 근본적인 욕구에 속한다는 것을 보여 주는 것이다. 인간은 손의 작업을 수행하면서 작업을 통해 자신을 형성해 간다. 작업에 있어서 손은 인격의 도구이며, 환경에 대립하여 자신의 존재를 형성하는 독자적인 이해와 의지의 기구이다(Montessori, 1995b : 189).

몬테소리(1995)는 감각 연습이 단지 감각 훈련만이 아니라 손의 활동도 포함하며 손이 감각 훈련을 완성시킨다고 주장한다. 어린이는 사물을 손으로 다루면서 감각을 개발시킨다. 손은 내적 요구를 자극하여 집중력을 극대화시킨다. 균형 감각은 운동을 통해서, 특히 손의 동작을 통해서 발달한다. 손의 동작으로 어린이의 몸 전체는 주의력을 기울이게 되고 정신과 감각과 동작은 일치를 이룬다. 이것은 내적인 평형으로 손이 감각 훈련에 기여하는 것이라 할 수 있다. 손가락으로 매끄럽거나 거친 면, 혹은 다양한 종류의 감각을 구별할 수 있을 때, 어린이는 예민한 감각을 획득하게 되고, 동시에 어린이의 정신은 섬세한 질적 차이를 구분하게 된다. 이러한 연습의 목적은 정신의 성숙이다.

몬테소리 교육에서 손은 처음부터 끝까지 당연하고 명료한 부분을 점유한다. 어린이 교육에서 이러한 형태의 활동을 보류하는 것은 발달을 저해하는 것이다. 어린이는 손을 사용함으로써 지적으로, 정서적으로, 신체적으로 더욱 조화로워지고 발달된다. 손동작으로 어린이는 창의적이며 진취적인 특성들을 갖게 된다. 손의 사용 없이 어린이는 동기가 결여되고 나태해지며 욕구가 약화된다.

2 손과 지능

지능과 가장 밀접하게 연결되어 있는 두 가지는 말하기 위한 혀와 일하기 위해 사용되는 손이다. 선사시대 사람들은 언어를 확장하는 것처럼 손을 사용하여 동작을 했다. 말은 손작업을 통해서 인간의 과거를 기록했다. 그러므로 손은 환경과의 접촉을 통해 자신의 정신 기능을 발달시키는 데 도구적 역할을 한다. 다시 말하면 인간은 손의 사용을 통해 환경을 정복한 것이다.

손조작 능력의 발달은 지능 발달과 밀접하게 연관되어 있으며 이것은 역사나 문화사 발달에서 더욱 분명해진다. 지난 과거의 위대하고 찬란한 문화는 수공업의 결과에 의한 것들이다. 고대 이집트 문화에 남아 있는 기적에 가까운 작품들을 보아도 알 수 있다. 가장 정교한 예술 작품들은 최상의 인간 과업을 나타낸다. 그러므로 손은 감정과 영, 그리고 지능에 의존하는 것이라고 말할 수 있다.

손의 흔적은 인간 모습을 증거하며 대대로 전승한다. 또한 심리적인 관점을 고려하지 않더라도 환경 내의 모든 변화들이 손에 의해서 행해진다는 것을 알 수 있다. 실제로 지능이 하는 모든 일은 작업을 지시하는 것처럼 보여진다. 인간이 자신의 생각을 말로 표현해 왔듯이 인간의 지혜도 말로만 표현되어 왔다면 과거 세대는 자취도 남지 않았을 것이다. 정신과 동반하여 문화를 창조한 손에 감사해야 한다고 몬테소리는 기술한다(Montessori, 1995a : 151).

손은 인간에게만 부여된 무한하고도 보배로운 기관이다. 손은 정신 생활과 연관되어 있으며, 어린이의 정신 발달의 연구는 손운동의 발달 연구와 밀접한 관계가 있다. 어린이의 발달을 분명하게 증명하는 것이 손과 관계되어 있다는 것과, 이러한 것은 정신적인 발달을 나타낸다는 것이다.

어린이의 지능은 손을 사용하지 않고서도 발달은 하지만 손의 움직임과 함께 더욱 섬세하게 발달하게 되고 손을 사용한 어린이는 자신감을 갖게 된다. 일상 생활의 동작 가운데는 대근육과 소근육 활동이 있다. 이 근육들은 손의 훈련에 따라 완성을 이루게 된다. 즉, 주변의 물건들을 다루고 대처하는 방법을 배움으로써 어린이의 근육은 더욱 세련되고 조화로워진다.

몬테소리의 경험에서 증명된 것은 손을 사용할 수 없는 환경에 처했던 어린이의 성격은 열등 의식에 사로잡혀 있었고, 무능력하고, 우울하고, 게으르고, 수동적이었다. 반대로 자기 손으로 일할 수 있는 어린이는 확고한 의지로 진취적인 발전을 했다(Montessori, 1995a : 152).

위대한 작업은 손으로 실현된다. 한 예로서 2003년 국제기능올림픽에서 보여진 한국 젊은이들의 연이은 승전보를 들 수 있다. 이 세상 어느 나라도 넘볼 수 없이 독보적인 위치를 확인시켜 온 기능올림픽의 성과는 타의 추종을 불허하는 손재간의 증명이다. 동작의 발달은 이중적이다. 한 부분은 생리적 법칙에 관계되고, 다른 부분은 항상

근육 사용과 관계된 만큼 내적 요구와 밀접하게 관계되어 있다.

몬테소리 교육에 있어서 손의 움직임을 통한 감각 기관과 근육의 움직임을 통한 작업 활동은 집중력과 판단력, 의지력을 발달하게 하고 독립적이고 자율적인 인격 형성을 이루는 매우 중요하고 필수적인 교육 방법이 된다. 그러므로 어린이 자신이 손으로 작업하기를 원한다면, 성인은 어린이에게 지성을 발휘할 수 있는 환경을 최대한 제공해 주어야만 한다.

2. 일상 생활 교육의 의의 및 목적

1) 의　의

2) 목　적

1) 의 의

인간은 자신이 속한 사회의 지리적 · 문화적 환경 내에서 적절한 상황에 대처하고 바람직한 관계 유지를 위해 매일의 활동을 수행해야 한다. 어린이는 성인의 삶을 통해 자신의 삶의 방식을 구축해 나간다. 이것은 삶의 가치관, 생활 태도, 생활 양식을 포함하는 것으로서 어린이의 인격 형성과 밀접한 관계가 있다.

일상 생활 교육이란 성인이 일상 생활에서 행하고 있는 여러 가지의 생활 양식을 어린이들이 모방하여 작업으로 또는 놀이로 연습해 가며 자신을 성장시키도록 돕는 활동이라 할 수 있다. 모든 민족은 이러한 일상 생활 교육으로 일반적인 행동의 토대를 형성해 간다. 이러한 틀은 3~6세 시기에 형성되어 완성된다. 어린이는 무능력한 존재로 태어나는 연유로 환경 속의 일상 생활 경험을 통해서만이 자신을 창조해가는 과업을 완수할 수 있다.

생활은 살아가는 태도, 즉 장소에 따라 나타나는 특징적 활동들로 규정지을 수 있다. 이들 특징적 활동들은 일상 생활의 목적, 일상 생활 연습, 그리고 어린이들을 위한 궁극적인 독립의 목표를 위한 열쇠이다. 몬테소리는 인간은 작업을 통해서만이 자신을 키워갈 수 있으며, 일상 생활 교육은 어린이들이 일상 생활과 연결되는 활동들을 통해서 스스로를 훈련해 가는 점이 중요하다고 보았다.

일상 생활 연습은 어린이들의 가정 생활과 연관된다. 가정 생활은 성인을 위해 꾸며지지만 일상 생활은 어린이를 위해 마련된다. 성인은 가정에서의 일을 단순하게 생각할 수 있다. 그러나 어린이는 매우 흥미롭게 접근한다. 따라서 어린이에게 일상의 교구 준비는 어린이의 가정과 연계되어야 한다.

일상 생활 교육은 어린이가 환경 내의 다양한 일상 생활 경험을 통해서 자신의 인격 형성에 필요한 요소를 찾아낼 수 있고 논리적인 사고력과 질서감을 갖게 되며, 어린이가 생활을 독립적으로 해나갈 수 있도록 기술을 습득한다는 데 의의가 있다.

2) 목 적

일상 생활 교육의 목적은 크게 문화인류학적인 입장과 생물학적인 입장으로 나누어 설명할 수 있다(조옥희, 1999 : 101).

첫째, 문화인류학적인 입장에서의 일상 생활 연습의 목적은 문화 유산에 개인을 동화시켜 자기 자신을 조정시키고 나아가 수준 높은 문화 창조와 인격을 관련시켜 어린이가 한 인격체로 성장하도록 돕는 데 목적이 있다.

둘째, 생물학적인 입장에서의 일상 생활 연습은 동작을 통한 근육 감각의 뇌세포 자극으로 지 · 정 · 의의 조화로운 발달에 목적을 두고 있다.

일상 생활 연습의 목적은 이러한 문화인류학적 입장과 생물학적인 입장에서의 목적이 서로 균형을 이루도록 하는 데 있다. 즉, 어린이가 동작을 조정하면서 스스로의 인격 형성을 이룰 수 있도록 돕는 내용으로 되어 있다.

편의상 생물학적 입장에서 개인의 발달적인 목적을 직접 목적으로, 문화인류학적 입장에서 환경 내에서의 적응을 위한 목적을 간접 목적으로 분류하여 사용한다. 각 활동마다 목적을 갖고 있으나 일상 생활 영역에서 공통적으로 다루어지는 직접 목적을 제시하고자 한다.

1 질서감

질서는 정신 활동을 통해 전체와 조화롭게 결합되도록 구성할 수 있는 능력을 말한다. 질서는 무질서(chaos) 속에 새로운 질서를 창조해 낼 수 있는 역할을 한다. 즉, 내면의 질서를 질서화하는 것이다. 무질서를 질서화하는 활동이 일상 생활 활동이다. 질서에 대하여 어린이가 느끼는 애착은 한 치의 오차도 없이 정확한 환경에 대한 강한 욕구에 근거한 것으로서, 그것으로 세계를 이해하고 대처해 나가는 데 필요한 내적인 개념의 틀을 형성한다(Lillard, 1972 : 65).

질서감(order)의 중요한 의미는 환경 속에 접하면서 나타나기 시작한다. 구체적으로 민감기 때에 환경에서 수집한 인상들을 흡수, 조직, 분석, 분류해서 종합하고 정리하는 역할을 한다. 질서에 대한 감수성은 출생 때부터 시작해서 2.5세 때 절정을 이루며 6세까지 지속된다. 질서에는 내적 질서와 외적 질서라는 두 가지 특성이 있다(구경선, 2002 : 314). 어린이는 외적 질서를 사랑한다. 준비된 환경에서 어린이의 외적 질서를 발견할 수 있다. 어린이는 준비된 환경 속에서 탐색함을 통하여 자신이 인식하고 있는 것을 구별해 낼 수 있기 때문이다. 예를 들면 익숙한 장소에서 사물을 관찰하는 것을 좋아하며 낯선 곳에서는 불안해 한다. 그러므로 준비된 환경 내에서는 이러한 어린이들의 요구가 적절하게 수용되어져야 한다. 말하자면 일상 생활 교육 과정을 통해 순서화된 교구를 제공해 주어야 하며, 그 규칙은 단순한 것에서 복잡한 것으로, 구체적인 것에서 추상적인 것으로, 위에서 아래로 교재를 배열하고 제공해야 한다. 내적 질서는 주어진 환경에 있는 사물들 자체를 인식하는 것이 아니라 사물과 사물들 간의 관계를 인식하는 것이다. 어린이는 현실과 직접 만나면서 그 현실을 면밀하게 관찰하고 분류하여 정리하는 과정을 거치면서 전체 환경과의 상호 관계를 인식할 수 있게 된다. 환경에서 질서감을 느끼게 되면 사물을 분석하는 능력이 생기며 이러한 능력은 사물을 분류하고 조직하는 능력으로 이어지고 그 결과 논리적으로 생각하게 되어 문제해결력이 발달한다.

질서감은 어린이의 사고 발달 뿐만 아니라 정서 발달을 위해서도 매우 중요하다. 어린이가 심리적으로 안정감을 느낄 수 있도록 하기 위해서는 환경을 일관성 있게 준비하여 질서감을 느낄 수 있도록 해야 한다. 환경에서 질서감을 경험한 어린이는 스스로 일을 선택해서 처리할 수 있는 자율성을 획득하게 되며 자신의 생각도 정리할 수 있게 된다.

2 협응력

지구상의 동물 중 인간만이 유일하게 어린 시기가 연장된 존재이다. 이러한 어린 시기의 미성숙이 인간을 자신의 활동을 통해 자신을 창조하도록 이끄는 견인차 역할을 한다. 몬테소리는 미성숙기의 발달을 태아적 과정의 연속으로 보며 제2의 태아기로 규정짓는다. 무능력하게 탄생된 인간은 목 가누는 일부터 시작해서 스스로 구축해 가야 하는 발달 과제를 안고 있다. 뒤집기, 앉기, 서기, 걷기, 뛰기 등의 발달 과제들은 신체와 신체, 정신과 신체의 협응력(co-ordination)을 필요로 한다. 정신과 신체, 감각과 운동은 서로 조화와 균형을 이루며 발달 과업을 완수해 나간다.

출생 때부터 어린이는 주변 환경의 인상들을 관찰하여 흡수하고 걷기를 시작하면서 자유인이 되기 시작한다. 걷는다는 것의 의미는 신체의 각 기관을 자유 자재로 움직일 수 있다는 의미가 되고 주변의 세계를 발견하고 정복할 수 있다는 수단이 된다. 근육 활동의 중요성은 걷는 차원에서 한 단계 높여 보다 섬세한 활동을 경험할 수 있도록 도와준다는 의미에서 중요하다.

어린이가 대근육 뿐만 아니고 소근육 발달을 하는 과정 속에 새로운 사회성이 발달되고 지적인 발달까지 도와준다. 모든 일상 생활 속에 포함된 근육 운동들은 어린이 신체 각 기관의 대·소근육 기능을 완전하게 발달시키는 데 목적이 있다. 한 가지 작업이 끝나면 보다 수준 높은 작업으로 연결시키도록 쉬운 작업에서 어려운 작업으로 이끌어 준다. 손근육을 조절시키는 목적은 시각적인 판단을 통해 행동으로 옮기도록 하고, 행동으로 옮기는 과정 속에 촉감각을 발달시키며, 손으로 만진 것을 기억하는 과정 속에 근육 감각 기억력을 훈련시키는 데 목적이 있다.

근육 운동은 인체 내에서 대단히 중요한 역할을 한다. 예를 들면 어린이는 걷기만 하는 것이 아니라 물건을 나를 때 중심을 잡고 손의 도움으로 기어 오른다. 사람들은 어린이에게 그림을 그릴 때 어떻게 연필을 잡아서 종이에 가볍게 선을 긋는가를 보여준다. 이러한 연습 후의 글씨는 자연스럽고 매끄러워진다. 대근육 운동으로부터 손끝의 섬세한 운동에 이르기까지 자신을 제어하고 조정하는 근육 운동을 반복함으로써 어린이는 자조 능력이 향상되어 스스로 독립하게 되고 자신감을 획득하게 된다.

세련된 감각의 획득은 지성을 일깨워 영민한 정신력을 소유하게 되며 이러한 변화는 삶의 의욕을 고취시킨다. 몬테소리 교사는 모든 일상 생활 활동들을 통해서 보다 의미있는 동기를 어린이에게 부여하고 어린이 각자가 만족할 수 있게 도와주며 그런 작업 활동을 통해서 스스로 독립할 수 있도록 도와주어야 한다.

3 집중력

어린이가 성숙하는 과정에서 필요로 하는 중요한 요소로 집중력(concentration)을 들 수 있다. 이 집중력은 어린이의 인격 형성에 토대가 되는 역할을 한다. 어린이는 열정과 흥미를 가지고 주변 환경에 있는 특별한 사물에 주의를 기울이기 시작한다. 어린이의 흥미와 발달 단계에 근거한 작업을 준비함으로써 반복을 통해 집중력이 발달될 수 있다. 어린이는 사물에 대해 처음에는 외적으로 나타나는 특징에 본능적인 흥미를 나타낸다. 그러나 다양한 경험을 통해 인지의 틀을 형성한 후 전혀 외적으로 나타나지 않는 부분에 대해서 점차적으로 흥미와 기대를 갖게 된다. 이렇게 하여 충동에 바탕을 둔 본능적인 흥미는 지적인 흥미로 전환된다. 어린이가 인지적 흥미에 바탕을 둔 집중력을 발휘했을 때, 어린이는 더욱 구조화되어지면서 최고도의 정신적 만족감을 경험한다. 이것을 영혼의 치료라고 볼 수 있다.

몬테소리는 어린이가 스스로 작업을 진행해 가는 중요한 거점이며 교육에서의 필수요소를 정신의 '집중화 현상' 이라고 하였다. 한 어린이에게서 우연히 발견(Kramer, 1983 : 113-114)하게 된 이 정신 현상이 몬테소리 교육의 출발점이 되었다.

몬테소리는 산 로렌조 어린이집에서 꼭지원기둥을 가지고 작업하는 3세 어린이의 작업 관찰을 통해 집중 현상을 발견하였다. 이 어린이는 꼭지원기둥 작업에 몰입하여 여러 차례의 의도적인 방해에도 불구하고 무려 42회나 집중하여 지속적으로 진행하였다. 이 모습을 보고 감동한 몬테소리는 "어린이를 따르라(follow the child)"는 의미 있는 메시지를 남겼다.

이것은 몬테소리에게 어린이의 자발적 흥미는 그들의 작업 동기가 된다는 확신을 가져다 주었으며 몬테소리 교육 방법의 기본 원리로서 자리 잡았다. 관심의 집중은 어린이가 사물과 적극적인 만남이 있어야 가능하다. 집중화 과정은 어린이가 가진 모든 힘들을 모으는 것이다. 집중화는 어린이와 환경을 하나로 만든다. 정신의 집중화 현상은 정신적 능력이 뛰어난 특별한 어린이들에게서만 나타나는 특성이 아니라 모든 어린이들에게서 나타날 수 있는 일반적인 현상이다. 집중화 현상이 나타나지 못하는 이유는 어린이가 자신의 모든 능력을 통합할 수 있는 조건이 갖추어져 있지 않기 때문이다. 어린이가 자신의 모든 능력을 통합하기 위해서는 몇 가지 조건을 갖추어야 한다(구경선, 2002 : 327-329).

첫째, 가장 기본적인 원리가 민감기를 고려하는 일이다. 어린이를 섬세하게 관찰하고 민감기에 맞는 교육적 지원이 필요하다.

둘째, 집중하여 작업할 수 있는 구체적인 대상물이 있어야 한다. 어린이는 정신적인 힘과 신체적인 힘을 통합할 때 집중이 가능하다. 집중화 현상이 정신적 활동이기는 하지만 아직 어린이들은 신체적 작업 없이는 정신 집중이 불가능하다. 어린이는 작업할 수 있는 구체적인 대상을 가지고 손작업을 함으로써 정신과 감각과 동작을 하나로 통합할 수 있으며, 내면의 욕구가 충족될 때까지 이러한 활동을 지속적으로 반복하면서 자신을 지배하는 능력을 얻게 된다.

셋째, 집중을 가능하게 하는 교육 활동에는 준비된 환경과 간접적인 개입을 하는 교사가 있어야 한다. 준비된 환경은 세계와 자기 이해를 돕기 위한 묵시적 특성이 있어야 하기 때문에 어린이의 지능과 인격을 스스로 발전시킬 수 있도록 구조화되어야 한다. 교사는 어린이를 돕기 위한 자기 준비와 어린이가 언제든지 작업할 수 있도록 간접적인 지도를 해야 한다. 교사는 어린이가 스스로 사물과 만나고 관심을 기울이도록 인도해야 한다.

넷째, 어린이에게 자유가 보장되어야 집중이 가능하다. 어린이는 외적 동기에 의해 정신 집중이 이루어지는 것이 아니다. 정신 집중은 각 개인의 정신 활동이며 자발적인 활동으로 인간의 내면에서 시작된다. 어린이가 자발적인 정신 활동을 수행하면서 주변 환경에 순조롭게 적응하여 성장해 나가기 위해서는 발달 과정에서 어른들의 지나친 간섭이 없어야 한다.

어린이에게 주어지는 자유는 여러 가지 의미를 포함한다. 어른들의 간섭이나 억압을 받지 않고 작업할 수 있는 정신적 자유, 작업할 것을 자유롭게 선택할 수 있는 자유, 원하는 시간만큼 작업할 수 있는 시간의 자유, 자유롭게 교실과 학교를 돌아다닐 수 있는 동작의 자유, 언제든지 원하는 대상과 말할 수 있는 자유, 학습 방법을 스스로 결정할 수 있는 자유(단독 작업, 협동 작업 등)가 있어야 한다. 이러한 자유가 보장될 때 어린이들은 오랫동안 작업에 깊이 몰입할 수 있다.

어린이가 작업을 통해서 집중할 수 있을 때야말로 진정한 학습이 되었다고 볼 수 있다. 그러므로 교사는 어린이들의 흥미를 끌 수 있는 작업을 준비하고 자유스럽게 작업을 선택할 수 있는 여건을 마련하여 반복해서 작업할 수 있도록 배려해야 한다. 이 과정을 통해 어린이는 집중하는 방법을 스스로 터득하게 된다. 집중하게 될 때 비로소 어린이는 환경 내의 주인이 되었다고 할 수 있다. 집중 현상을 나타낸 어린이는 내면의 훈련이 되어 독립한 어린이로 볼 수 있고 제한된 자유 속에서 편안함을 느끼는 어린이로 볼 수 있다. 이것이 집중 현상의 결과이다.

4 독립심

독립(independence)이란 각 개인의 기능적인 활동을 의미한다. 어린이의 본성은 태어날 때부터 이미 독립할 수 있도록 되어 있고 활발하게 독립하고자 하는 욕구를 갖고 있다. 따라서 어린이의 독립은 이미 출생 때부터 시작되었다. 이것은 어린이가 자기 스스로 육체적, 정신적 독립을 획득하려는 어린이들의 본성이다.

어린이들이 심리적 · 육체적인 욕구에 의해 질문을 많이 할 때, 그리고 새로운 지식을 배워갈 때, 혹은 읽기를 시작할 때, 우리는 정신적으로 독립했다고 본다. 어린이가 작업을 성공적으로 끝냈을 때 자신감과 함께 정신적으로 신체적으로 독립되었다고 말할 수 있다.

몬테소리의 준비된 환경 속에 있는 많은 교구들은 어린이들의 정신적인 발달을 돕기 위해서 모든 교구의 내용 속에 항상 오류를 스스로 정정할 수 있도록 준비되었다. 수정할 수 있는 교구를 준비한다는 자체는 어린이가 작업의 오류를 스스로 발견하여 잘못된 점을 고칠 수 있도록 하기 위함이다. 이러한 과정을 경험함으로써 어린이는 자신감을 갖게 되어 자신을 존중하게 되고 독립된 한 인간으로서 자신의 세계를 다스릴 수 있게 된다.

몬테소리는 어른들에 의한 직접적인 도움을 반대한다(이명환 · 곽노의 역, 2001 : 66, 68). 어린이는 시중 받기를 원하는 것이 아니라 무엇이든 혼자 하려고 한다. 준비된 환경에서 어린이가 혼자 해낼 수 없는 것을 포함하는 것은 바람직하지 못하다. 어린이의 본성은 독립성의 기능이 있으며 이러한 기능은 유용한 활동을 할 수 있는 능력으로 변환된다. 그러나 내적 힘에 의한 기능이 누군가에 의해 침해 또는 간섭받는다면 어린이의 의지나 집중력은 지체된다. 즉, 타인의 잘못된 개입은 어린이의 잠재력, 자아실현 능력을 저해하는 요인으로 작용할 수 있다는 것이다. 따라서 완전한 인성 발달은 외적인 간섭이나 의존에서 벗어남으로써 이루어질 수 있다.

몬테소리의 환경은 성공감을 느끼도록 준비되어져야 한다. 물론 어린이는 독립하는 과정 속에 매번 도움이 필요하다. 그러나 가장 큰 도움은 어린이가 스스로 경험할 수 있도록 기다리는 것이다. 의미있는 교육적 도움이란 어린이 자신이 자신을 도울 수 있도록 간접적으로 돕는 것이다. 몬테소리 교사는 모든 일상 생활 활동들을 통해서 보다 의미있는 동기를 어린이에게 부여하여 어린이 각자가 만족할 수 있게 도와주며 그런 작업 활동을 통해서 스스로 독립할 수 있도록 기다려 주어야 한다.

5 사회성과 인격 형성

사회성(sociality)은 성장 과정 속에서 가치로운 인간성을 의미한다. 일상 생활 활동을 통해서 인간성이 개발될 수 있다. 인간성의 개발 과정은 다양한 작업을 통해서 얻어질 수 있고, 환경 내의 제한된 자유, 즉 규율을 통해서, 또한 예의 범절을 통해서, 그리고 혼합반을 경험함으로써 발달한다.

어린이는 여러 가지 상황을 통해 자신을 제어할 수 있는 능력을 키우고 타인과의 바람직한 관계를 형성할 수 있게 된다. 그러므로 어린이는 일상 생활 과정을 통해서 타인을 배려하는 방법을 배우게 되며 이는 조화로운 인격 형성(formation of personality)의 기반이 된다.

몬테소리 교실에서 사회성 발달은 일상 생활 활동을 통해 이루어진다. 일상 생활 교육 내용 중 사회적 관계를 위한 활동이 포함되어 있음은 이를 뒷받침한다. 사회적 관계를 위한 활동은 다양한 사회적 상황에서 바람직한 행동을 수행할 수 있는 능력을 기르는 내용들이다. 타인과의 성공적인 교제, 공손과 예의 교육은 어린이가 즐겁게 선택하여 활동하게 함으로써 자율성을 유도한다. 기다릴 줄 알고 양보할 수 있는 마음, 타인을 방해하지 않는 마음, 나눌 줄 아는 마음, 이러한 덕목들은 자신을 존중하고 타인을 존중할 줄 아는 질 높은 사회성이다. 존중은 사회적 관계 형성의 기초라고 할 수 있다(강수명, 1999 : 19).

몬테소리 교육은 전인적 발달, 즉 모든 정신적 · 신체적 능력의 조화로운 발달을 목표로 하고 있다. 몬테소리는 인격이란 잠재 능력의 총합으로 인간에게 천부적으로 내재해 있는 구체적인 여러 정신 능력의 전체가 조화롭게 성장하고 발달하는 것이라고 하였다.

인격의 완성에는 먼저 인격의 가치와 존엄에 대한 인식이 있어야 한다. 즉, 인간 존중의 정신이 기본인 것이다. 몬테소리에게 있어서 인간 존중의 정신은 특별하다. 몬테소리는 태아에게조차 정신적인 삶이 영위된다고 보고 이를 정신적 태아라고 하였다. 인격의 완성이란 개인의 가치와 존경의 인식에 기초하여 자신의 인성을 가능한 한 조화롭게 발달시켜 가는 것을 뜻한다.

일상 생활을 통한 인격 형성은 자신이 선택한 작업을 즐겨하고 만족해 하며 모든 활동들을 질서 정연하게 배워가면서 획득되어질 수 있다. 그러므로 사회성과 인격 형성은 어린이를 정상화된 인간으로 자랄 수 있도록 하는 통로이다.

3. 용구의 조건과 배치 및 교구 시범 원리

1) 용구의 조건과 배치

2) 교구 시범 원리

1) 용구의 조건과 배치

1 용구의 조건

일반적으로 몬테소리 교육에서 말하는 '교구'가 추상적인 개념을 지닌 것이라면 일상 생활 연습에서의 '용구'는 보다 구체화된, 실생활에서 쓰여지는 실물로서 도구나 비품 등을 총칭한 것이라고 할 수 있다. 일상 생활 연습에 쓰여지는 용구는 국가와 지역에 따라 모양과 소재 등이 다를 수 있으나 다음과 같은 일반적인 조건을 갖추어야 한다.

- 일상 생활중에 사용되는 것으로 실물일 것
- 어린이의 발달에 적합한 내용과 크기일 것
- 잘못의 정정이 가능한 것
- 아름답고 매력적인 것으로서 어린이의 흥미를 일으키는 것
- 직접 목적과 간접 목적이 포함되어 있는 것
- 곤란성(난점)의 고립화가 가능한 것
- 쉽게 닦을 수 있는 것으로 위생적인 것
- 자연적이며 현실적인 것으로 나무, 유리, 쇠, 놋그릇 등을 이용할 수 있다.

2 용구의 배치

- 교구의 수량을 제한하여 제공한다. 제한된 수량으로 인해 어린이는 스스로를 억제하면서 차례를 기다릴 줄 알게 되고 타인을 배려 · 존중할 줄 알게 된다.
- 용구를 난이도의 순서와 개요 순서대로 배치한다. 쉬운 것(왼쪽)에서 어려운 것(오른쪽)으로 배치한다.
- 교실 환경 구조에 적합하게 배치한다.
- 교구의 수는 어린이의 수에 비례하여 배치한다.
- 일상 영역은 물과 가까운 곳에 설치한다.
- 교구는 개요 순서대로 배치한다.

2) 교구 시범 원리

1 동작의 분석

동작의 분석이란 계속되는 동작의 부분을 끊어서 그 부분 부분을 정확하게, 한 동작씩 행하도록 하는 것이다. 이것은 전체의 동작에서 주된 동작을 구분하는 것으로, 동작을 부분별로 나누는 것은 동작에 대해 깊은 관심을 가진 어린이들에게 흥미로운 일이다. 왜냐하면 미분화 상태에 있는 어린이들은 아직 복잡한 동작을 동시에 할 수 없기 때문에, 동작의 여러 요소를 분석하여 질서있게 보여주는 것이 중요한 일이다. 동작의 분석은 동작의 절약, 동작의 세련성과도 깊은 관계를 가지고 있다.

2 동작의 절약

동작의 절약이란 일정한 목적에 합당치 않은 움직임을 제거한 정선된 동작을 추구하는 것이다.

이것은 무용과 같은 예술에 있어서 최고의 원리이기도 하며, 생활 중 모든 동작의 원리이기도 하다. 간결한 동작은 어린이들이 용이하게 접근할 수 있어 성공감을 증진시킬 수 있다.

3 절제된 언어 사용

교구 시범시 절제된 간결한 언어를 정확하게 사용한다. 교구 시범과 함께 장황한 설명이 따르면 어린이의 생각이 분산되어 질서있게 조직할 수 있는 능력에 손상을 입힌다. 상대적으로 언어의 절제는 집중의 효과를 가져온다. 침묵의 상태에서 집중하여 관찰한 교구 시범은 어린이의 감각기관을 통해 분석 · 조직 · 분류되어 순서적으로 뇌에 저장됨으로써 지적 · 정서적 발달에 효과적이다.

4 교구의 이름 명명

교구의 이름을 정확하게 사용하는 것은 어린이의 이해력 신장을 돕고 어휘 확충에 도움을 준다. 또한 교구에 대한 친밀감을 높여 사용 빈도를 증가시키는 원인이 되기도 한다. 그리고 교사와 어린이 간, 어린이와 어린이 간의 의사 소통을 용이하게 한다.

5 시범 요령

어린이의 모든 활동은 교사의 모범 시범을 필요로 한다. 그것은 작업의 질서를 시범하기 위해서, 또는 어린이들에게 어렵다고 생각되는 동작을 논리적으로 분석하여 시범하여 줌으로써 어린이가 혼자 할 수 있도록 하기 위한 것이다. 교사가 효과적인 시범을 하기 위하여 유의할 점은 다음과 같다.

어린이의 흥미도를 파악해 가며

- 분석된 동작으로
- 어린이의 속도에 맞추어 천천히
- 간결하고 요약된 설명으로
- 정확하고, 분명하게
- 중요한 동작은 반복하여 시범한다.

6 시범 형태

교구의 내용에 따라 대집단 시범, 소집단 시범, 개별 시범의 형태로 나누어지나, 입학 초 교사와의 신뢰 관계가 확고히 확립되지 않은 상태에서는 주로 집단 시범을 한다. 교사는 시범 전에 가장 효과적인 시범 형태를 결정해 둘 것이며, 시범 과정에서 어린이들의 작업 진행 상황을 관찰해 두는 것이 중요한 일이다.

7 시범시 유의 사항

- 작업은 점차적으로 섬세한 활동으로 전개해 나간다(몸 전체 → 양손 → 한손 → 손가락 사용).
- 큰 것에서 작은 것으로
- 왼쪽에서 오른쪽으로
- 위에서 아래로
- 단순한 것에서 복잡한 것으로
- 구체적인 것에서 추상적인 것으로
- 마른 것에서부터 젖은 것으로
- 발달 수준에 적합하도록
- 어린이는 교사가 주로 사용하지 않는 손쪽에 앉도록 한다.

교구장에 있는 일상 생활 교구들

일상 생활 교구 작업을 위한 준비대

II 일상 생활 교육 내용

1. 몬테소리 이전
2. 몸 가꾸기
3. 환경 가꾸기
4. 소근육 발달
5. 대근육 발달
6. 사회 생활 발달

1. 몬테소리 이전

비즈꿰기-큰 것, 작은 것
나무못 꽂기판
로또 게임
도미노 게임
분류하기
퍼　즐

비즈 꿰기-큰 것, 작은 것

교 구

• 바구니, 큰 구슬, 매트, 한쪽 끝을 묶은 끈

시 범

1. 매트를 편다.
2. 교구를 가져온다.
3. 매트 위에 끈의 매듭이 오른쪽으로 가도록 놓는다.
4. 끈의 앞부분을 오른손으로 잡는다.
5. 왼손으로 큰 구슬을 들고 구슬을 왼쪽에서 오른쪽으로 끼운다.
6. 구슬을 다 끼운 다음 완성된 모양을 매듭이 아래로 가도록 들어서 본다.
7. 매듭이 왼쪽으로 가도록 매트 위에 놓는다.
8. 구슬을 빼기 위해서 그 다음 구슬을 왼손으로 잡고 왼쪽에서 오른쪽으로 뺀 후, 바구니에 넣는다.
9. 8번과 같은 방법으로 나머지 구슬을 빼서 바구니에 넣는다.
10. 끈을 접어서 바구니에 넣는다.
11. 교구와 매트를 정리한다.

나무못 꽂기판 (Peg board)

교 구

• 나무못, 꽂기판, 못 담는 바구니, 쟁반

시 범

1. 매트를 편다.
2. 교구를 가져온다.
3. 쟁반에서 꽂기판과 나무못 바구니를 꺼내어 매트 위에 올려놓는다.
4. 나무못을 꺼내 꽂기판 위의 왼쪽에서 오른쪽으로 하나씩 꽂는다.
5. 4번과 같은 방법으로 계속해서 나무못을 꽂는다.
6. 모두 꽂은 후 완성된 모양을 본다.
7. 다 꽂은 후 왼쪽 위에서부터 하나씩 빼서 상자에 담는다.
8. 교구와 매트를 정리한다.

로또 게임 (Lotto game)

교 구

• 로또 카드, 로또판, 쟁반

시 범

1. 매트를 편다.
2. 교구를 가져온다.
3. 매트 가운데에 로또판을 놓는다
4. 로또판 위쪽에 로또 카드를 뒤집어서 올려놓는다.
5. 맨 위의 로또 카드를 뒤집어서 같은 그림 위에 올려놓는다.
6. 다른 로또 카드도 4~5번과 같은 방법으로 올려놓는다.
7. 올려 놓은 카드가 같은 그림인지 확인한다.
8. 교구와 매트를 정리한다.

도미노 게임 (Domino game)

교 구

• 도미노 카드들, 바구니

시 범

1. 매트를 편다.
2. 교구를 가져온다.
3. 도미노 카드를 매트 위에 자유롭게 꺼내놓는다.
4. 시작점 표시가 되어있는 카드를 찾아 첫 그림으로 놓는다.
5. 같은 그림을 찾아 옆으로 차례대로 이어 나간다.
6. 완성된 그림카드를 본다.
7. 바구니에 하나씩 담아 정리한다.
8. 교구와 매트를 정리한다.

※처음 시작 카드는 스티커를 붙여 표시해 놓는다.

분류하기

교 구

• 크기, 모양, 색 들을 분류할 수 있는 내용물, 그릇, 쟁반

시 범

1. 매트를 편다.
2. 교구를 가져온다
3. 물체 하나를 집어 그릇의 한 칸에 놓는다.
4. 다른 물체 하나를 꺼내어 대어본 후, 같으면 "똑같다"라는 표현을 하고, 아니면 "아니다"라는 표현을 한 후 다른 칸에 놓는다.
5. 3, 4번과 같은 방법으로 물체를 분류한다.
6. 모두 분류된 물체를 본다.
7. 물체를 제자리에 다시 섞어 놓는다.
8. 교구와 매트를 정리한다.

퍼　즐

교　구

• 꼭지가 있는 그림 퍼즐

시　범 1

1. 매트를 편다
2. 교구를 가져온다.
3. 퍼즐 왼쪽 위에 있는 조각을 들어
   퍼즐판 오른쪽에 놓는다.
4. 3의 다음 조각을 꺼내어 퍼즐판 오른쪽에 놓여진 조각 오른쪽 옆에 놓는다.
5. 위와 같은 방법으로 하여 왼쪽에서 오른쪽, 위에서 아래로 차례대로 놓는다.
6. 모두 놓여진 조각 퍼즐을 본다.
7. 오른쪽에 놓여진 퍼즐 조각을 차례대로 다시 퍼즐판에 맞추어 놓는다.
8. 교구와 매트를 정리한다.

시　범 2

퍼즐 조각을 매트 위에 자유롭게 흩어놓고 퍼즐판에 맞추어 놓는다.

2. 몸 가꾸기

몸가짐과 습관

기침/재채기하기
문 열고 닫기
외투 입기
매트 주변으로 걷기
의자에 앉기
외투 벗고 걸기
신 벗고 신기

옷 틀

단추 끼우기
혁대 고리 끼우기
끈매기
지퍼 올리기
리본 매기

몸치장 하기

손씻기
다림질하기
머리 빗기와 머리 손질하기
빨래하기
구두 닦기
손톱 깎기

기침/재채기하기

몸가짐과 습관

교 구

• 휴지

시 범

1. 휴지를 가지고 온다.
2. "기침, 재채기 할 때 어떻게 해야 하는지 알아보도록 해요."라고 이야기 한다.
3. "기침을 크게 하면 어떻게 될까요?"라고 묻는다.
4. 어린이의 대답을 기다린다. "침이 튀어요."
5. 기침을 한 번 해본다.
6. "남에게 방해되지 않으려면 어떻게 하면 좋을까요?"
7. "손으로 입을 가리고 하면 돼요."
8. 얼굴을 조금 옆으로 돌려 손으로 입을 가리고 기침을 한다.
9. 휴지를 반으로 접고 닦고, 휴지통에 버린다.

의자에 앉기

몸가짐과 습관

교 구

• 책상, 의자

시 범

1. 책상과 의자가 준비된 곳으로 간다.
2. 양손으로 의자를 잡고 앞으로 잡아당긴다.
3. 의자 옆으로 가서 앉은 다음 정면을 향해 몸을 돌린다.
4. 양손으로 의자의 앉은 부분을 잡고 엉덩이를 약간 들어 책상쪽으로 잡아당긴다.
5. 무릎을 붙이고 허리를 뒤에 바짝 대고 바르게 앉는다.
6. 일어설 때는 의자를 뒤로 밀고, 옆으로 두 다리를 내밀고 몸을 돌려 일어선다.
7. 양손으로 의자를 잡고 책상쪽으로 밀어 넣는다.

문 열고 닫기

몸가짐과 습관

교 구

• 손잡이 있는 문

시 범

1. 한 손으로 문을 짚는다.
2. 다른 손으로 손잡이를 잡고 돌려서 앞으로 잡아당긴다.
3. 문이 열리면 손잡이를 살그머니 놓고 바깥으로 나간다.
4. 한 손으로 문을 짚고 다른 손으로 손잡이를 돌리면서 문을 닫는다.
5. 딸그락 손잡이 소리가 나면 양손을 문에서 뗀다.

외투 벗고 걸기

몸가짐과 습관

교 구

• 옷걸이, 웃옷(자켓, 가디건), 거울

시 범

1. 옷의 단추를 푼다.
2. 양손으로 옷깃을 잡고 양 어깨 너머로 젖힌다.
3. 손을 뒤로 하여 한쪽 소매를 잡아당겨서 손을 뺀다.
4. 소매를 뺀 손을 앞으로 하여 다른 한쪽 소매끝을 잡아당겨서 손을 뺀다.
5. 옷걸이를 한쪽씩 어깨에 넣어서 앞면의 첫번째 단추를 끼운다.

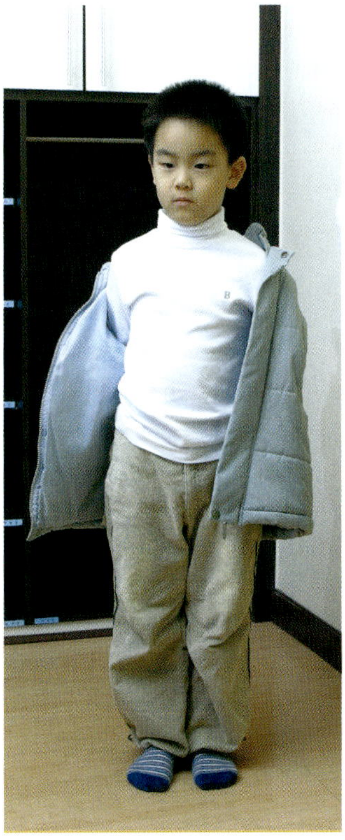

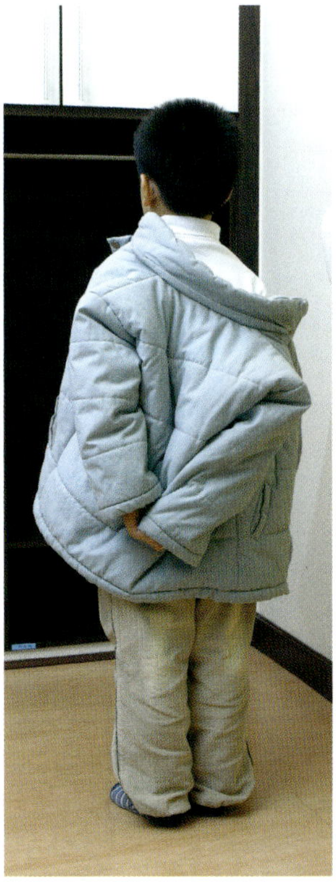

외투 입기

몸가짐과 습관

교　구

- 외투

시　범

1. 외투를 가져와서 목부분을 무릎쪽에다 놓는다.
2. 소매를 양옆으로 하나씩 편다.
3. 옷깃을 양쪽으로 벌려 놓는다.
4. 양손을 소매에 낀다.
5. '하나, 둘, 셋' 하면서 손을 들어 만세를 하듯이 한다.
6. 머리 위로 훌쩍 넘겨서 옷을 입는다.
7. 바르게 옷을 여미고 단추를 위에서부터 끼운다.

신 벗고 신기

몸가짐과 습관

교　구

- 신

시　범

신 벗기

1. 신을 벗는다.
2. 신을 잡아 신 앞면이 보이도록 돌려 신장에 놓는다.

신 신기

1. 신장에서 신을 꺼낸다.
2. 신을 신기 편하도록 바르게 놓는다.
3. 신을 신는다.

매트 주변으로 걷기

몸가짐과 습관

교 구

• 매트

시 범

1. 매트를 편다.
2. 매트를 가리키며 매트는 밟지 않는다는 것을 알려준다.
3. 교사는 매트 주변을 밟지 않고 조용히 걸어본다.
4. 매트를 바르게 말아서 제자리에 놓는다.

단추 끼우기

옷 틀

교 구

• 단추 옷틀

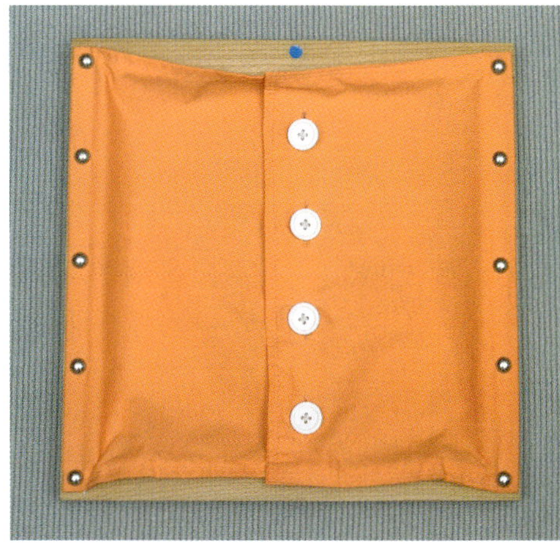

준비단계

1. 몬테소리 이전 작업을 해본 어린이
2. 교구가 준비되었나 확인한다.
3. 어린이를 초대하여 교구의 이름을 소개한다.

시 범

1. 매트를 편다.
2. 교구를 매트 위에 놓는다.
3. 교사가 사용하지 않는 손 옆에 어린이를 앉게 하고 교구 내용물의 이름을 알려준다.
4. 한 손으로 천을 잡고, 다른 손으로 단추를 잡는다.
5. 단추 구멍에 단추를 밀어 넣어서 뺀다.
6. 나머지 4개의 단추도 4, 5번의 방법으로 한다.
7. 양손으로 오른쪽 천의 위, 아래를 잡아 밖으로 펼친다.
8. 7번과 같은 방법으로 왼쪽도 펼친다.
9. 한 손으로 옷틀 왼편을 고정시킨다.
10. 다른 한 손의 검지와 중지를 사용해 나무 테두리의 안쪽을 쓸어본다.
11. 왼쪽 헝겊의 위, 아래를 양손으로 잡고 다시 덮는다.
12. 11번과 같은 방법으로 오른쪽도 덮는다.
13. 첫번째 단추구멍의 천을 젖혀서 단추와 단추구멍에 사인을 준다.
14. 단추를 잡고 단추구멍 속으로 밀어넣는다.
15. 밖으로 나온 단추를 잡아당긴다.
16. 나머지 4개의 단추도 13, 14번과 같은 방법으로 한다.
17. 교구와 매트를 정리한다.

흥미점

1. 단추의 모양과 색
2. 단추를 구멍에 밀어넣는 것
3. 단추와 단추구멍에 사인하는 것

잘못의 정정

• 단추와 구멍이 서로 맞지 않는 경우

직접목적

1. 질서감의 발달
2. 눈과 손의 협응력 발달
3. 집중력의 발달
4. 독립심의 발달

간접목적

1. 단추를 끼고 빼는 방법을 안다.
2. 일상 생활 적응 및 훈련을 한다.

언 어

• 단추, 단추구멍, 옷틀, 천

연 령

• 3세 이상

변형 및 응용

1. 옷 입고 벗기
2. 인형 옷 입히기
3. 크기와 모양이 다른 단추 사용하기

지퍼 올리기

옷 틀

교 구

• 지퍼 옷틀

준비단계

1. 단추 옷틀을 해본 어린이
2. 교구가 준비되었나 확인한다.
3. 어린이를 초대하여 교구의 이름을 소개한다.

시 범

1. 매트를 편다.
2. 교구를 매트 위로 가져온다.
3. 교사가 사용하지 않는 손 옆에 어린이를 앉게 하고 교구 내용물의 이름을 알려준다.
4. 한 손으로 천을 누르고 다른 손으로 지퍼 손잡이를 잡고 내린다.
5. 왼쪽 지퍼 끝부분을 오른쪽 지퍼집에서 뺀다.
6. 왼쪽 천의 위, 아래를 양손으로 잡아 왼쪽으로 펼친다.
7. 오른쪽 천을 6번과 같은 방법으로 하여 오른쪽으로 펼친다.
8. 한 손으로 왼쪽 틀을 누른다.
9. 다른 손으로 나무틀 안쪽을 쓸어본다.
10. 왼쪽 천의 위, 아래를 양손으로 잡아 덮는다.
11. 오른쪽 천은 10번과 같은 방법으로 하여 덮는다.
12. 한 손으로 지퍼 손잡이와 지퍼집을 같이 잡는다.
13. 끼울 곳에 사인을 한다.
14. 다른 손으로 왼쪽 지퍼 끝을 잡아 지퍼집 속에 끼운다.
15. 지퍼 손잡이를 반쯤 올린다.
16. 한 손으로 왼쪽 천을 누른다.
17. 지퍼를 끝까지 올리고 손잡이를 내려놓는다.
18. 교구와 매트를 정리한다.

흥미점
1. 지퍼를 내리는 것
2. 사인을 주는 것
3. 지퍼 손잡이를 잡는 것
4. 지퍼집에 지퍼 끝이 들어가는 것을 보는 것
5. 지퍼 손잡이와 지퍼집을 동시에 같이 잡는 것

잘못의 정정
1. 지퍼가 제대로 맞물리지 않는 경우
2. 지퍼가 움직이지 않는 경우

직접목적
1. 질서감의 발달
2. 눈과손의 협응력 발달
3. 집중력의 발달
4. 독립심의 발달

간접목적
1. 지퍼를 열고 닫는 방법을 안다.
2. 일상 생활 적응 및 훈련을 한다.

언　어
• 지퍼, 지퍼틀, 지퍼집, 지퍼 손잡이

연　령
• 3세 이상

변형 및 응용
1. 옷 입고 벗기
2. 가방 열고 닫기
3. 지퍼 달린 신 신고 벗기
4. 지갑 열고 닫기

특기사항
• 옷틀의 위, 아래가 바뀌지 않도록 표시를 해놓는다.

혁대 고리 (Buckle) 끼우기 옷 틀

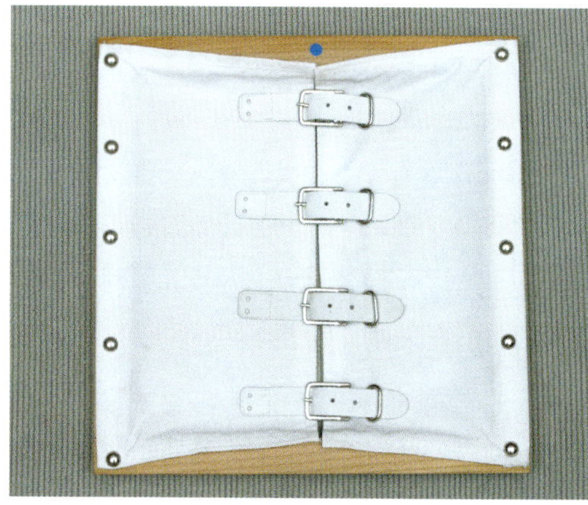

교 구

• 혁대 고리 옷틀

준비단계

1. 단추 끼우기 옷틀을 해본 어린이
2. 지퍼 올리기 옷틀을 해본 어린이
3. 교구가 준비되었나 확인한다.
4. 어린이를 초대하여 교구의 이름을 소개한다.

시 범

1. 매트를 편다.
2. 교구를 매트 위에 가져온다.
3. 교사가 사용하지 않는 손 옆에 어린이를 앉게 하고 교구 내용물의 이름을 알려준다.
4. 위에서부터 가죽끈을 한 손으로 잡아 밀어낸다.
5. 다른 손으로 가죽끈을 뺀 다음 잡아당긴다.
6. 한 손으로 핀을 뽑아 젖힌다.
7. 한 손으로 고리를 잡고 다른 손으로 가죽끈을 뺀다.
8. 가죽끈을 고리 위로 올려놓는다.
9. 나머지 3개의 고리도 4~8까지의 방법으로 한다.
10. 왼쪽 천의 위, 아래를 양손으로 잡고 왼쪽으로 펼친다.
11. 오른쪽 천도 위와 같은 방법으로 하여 오른쪽으로 펼친다.
12. 한 손으로 틀을 누르고 다른 손의 검지와 중지를 이용하여 나무 안쪽 틀을 쓸어본다.
13. 고리 천을 덮는다.
14. 가죽끈 천을 덮는다.
15. 한 손으로 고리를 잡고 다른 손으로 가죽끈을 잡아 고리에 끼운다.
16. 다른 손으로 가죽끈은 잡아당긴다.
17. 핀을 구멍에 넣는다는 사인을 준다.
18. 한 손으로 핀을 끼운다.
19. 한 손으로 고리를 잡고 다른 손으로 가죽끈을 고리에 끼운다.
20. 나머지 3개의 고리도 15~19의 방법으로 끼운다.
21. 교구와 매트를 정리한다.

흥미점

1. 가죽끈을 밀고 잡아당기는 것
2. 핀을 구멍에서 빼는 것
3. 핀을 젖히는 것
4. 가죽끈을 고리에서 빼는 것
5. 구멍을 찾아 사인을 주고 핀을 끼우는 것

잘못의 정정

1. 고리가 뒤집혀 끼워지지 않을 경우
2. 맞는 구멍을 선택하지 못하는 경우
3. 가죽끈을 뺄 때 핀이 다시 구멍으로 들어가는 경우
4. 핀이 구멍에 걸려 빠지지 않는 경우

직접목적

1. 질서감의 발달
2. 눈과 손의 협응력 발달
3. 집중력의 발달
4. 독립심의 발달

간접목적

1. 고리를 빼고 끼우는 방법을 안다.
2. 일상 생활 적응 및 훈련을 한다.

언 어

• 고리, 가죽끈, 핀, 혁대 고리 틀

연 령

• 3세 이상

변형 및 응용

1. 벨트 매기
2. 옷 입고 벗기
3. 멜빵 매기

리본 매기 (Bow Frame) 옷 틀

교 구

• 리본 매기 옷틀

준비단계

1. 단추 끼우기 옷틀을 해본 어린이
2. 지퍼 올리기 옷틀을 해본 어린이
3. 교구가 준비되었나 확인한다.
4. 어린이를 초대하여 교구의 이름을 소개한다.

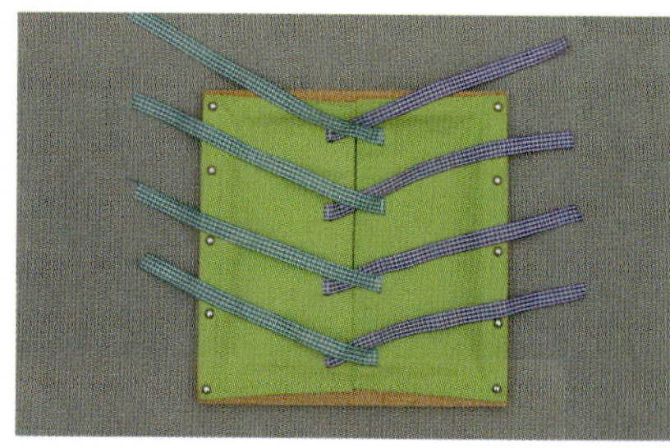

시 범

1. 매트를 편다.
2. 교구를 매트 위에 가져온다.
3. 교사가 사용하지 않는 손 옆에 어린이를 앉게 하고 교구 내용물의 이름을 알려준다.
4. 위에서부터 양손으로 리본 끝을 잡고 동시에 잡아당겨 양쪽으로 길게 펴놓는다.
5. 나머지 4개의 끈도 4와 같은 방법으로 한다.
6. 한 손 검지와 장지로 리본 아래를 움직이지 않도록 눌러주고 다른 손으로 매듭을 위로 들어올려 푼다.
7. 풀어진 리본끈 중 왼쪽에 있는 끈은 왼쪽으로, 오른쪽 끈은 오른쪽으로 길게 펴놓는다.

8 나머지 끈 4개도 6~7 방법으로 길게 펴놓는다.
9. 왼쪽에 있는 끈을 오른쪽으로 비스듬히 길게 놓는다.
10. 오른쪽에 있는 끈은 왼쪽으로 엇갈리게 놓는다.
11. 나머지 4개의 끈도 9~10번의 방법으로 한다.
12. 한 손 엄지, 검지로 끈 2개를 잡아 약간 들어올려 아치(arch)를 만든다.
13. 다른 손 검지로 아치 앞쪽에서 뒤쪽을 향해 구멍에 넣는다는 사인을 준다.
14. 오른쪽에 있는 끈을 아치 구멍으로 밀어넣는다.
15. 나온 끈을 집게손가락으로 잡아당긴다.
16. 양손으로 양쪽의 끈을 옆으로 길게 잡아당긴다.
17. 한 손의 엄지, 검지로 왼쪽의 끈을 잡아 두 겹이 되게(리본 묶을 만큼) 접는다.
18. 다른 손의 엄지, 검지로 고리를 만든 윗부분을 잡는다.
19. 오른쪽 끈을 집게손가락으로 잡아 고리 밑부분 뒤로 넘긴다.
20. 오른쪽 끈으로 돌려서 만들어진 동그라미를 검지로 사인을 준다.

21. 19의 끈을 집어서 검지로 만들어진 동그라미 속으로 밀어 넣는다.
22. 밀어서 나온 리본 고리를 한 손으로 잡는다.
23. 다른 쪽 리본 고리는 다른 손으로 잡는다.
24. 동시에 양쪽으로 잡아당긴다.
25. 나머지 끈도 같은 방법으로 리본을 묶는다.
26. 만들어진 리본을 크기가 같도록 예쁘게 다듬는다.
27. 교구와 매트를 정리한다.

흥미점

1. 리본의 끈을 양쪽으로 잡아당기는 것
2. 매듭에 손가락을 넣어 들어올리는 것
3. 끈을 돌려 매듭을 만드는 것
4. 끈을 구멍 속으로 통과하게 하는 것

잘못의 정정

1. 리본의 끈을 가지런히 놓지 않아 끈이 엉키는 경우
2. 리본의 끈 색깔이 규칙적이지 않을 경우
3. 아치 속으로 끈을 잡아빼지 못하여 리본이 매어지지 않는 경우
4. 리본을 충분히 잡아당기지 못하여 리본이 풀어지는 경우

직접목적

1. 질서감의 발달
2. 눈과 손의 협응력 발달
3. 집중력의 발달
4. 독립심의 발달

간접목적

1. 리본을 매고 푸는 방법을 안다.
2. 일상 생활 적응 및 훈련을 한다.

언 어

- 리본, 리본끈, 리본 매기, 리본 매기 틀

연 령

- 4세 이상

변형 및 응용

1. 앞치마 끈매기
2. 머리 리본 매기
3. 옷 입기, 벗기

끈매기

교 구

• 끈매기 옷틀

준비단계

1. 리본 매기를 해본 어린이
2. 교구가 준비되었는지 확인한다.
3. 어린이를 초대하여 교구 이름을 소개한다.

시 범

1. 매트를 펴고 교구를 매트 위로 가져온다.
2. 교사가 사용하지 않는 손 옆에 어린이를 앉게 하고 교구 내용물의 이름을 알려준다.
3. 운동화 끈 양끝을 양손으로 하나씩 잡고 밖으로 잡아당기면서 리본을 푼다.
4. 틀 아래 ×부터 검지손가락을 끈 안에 넣고 위로 올리면서 끈을 풀며 왼쪽, 오른쪽으로 나란히 놓는다.
5. 모두 풀어진 끈 끝을 모아 잡고 틀 위에 가로로 길게 놓는다.
6. 틀 안에 있는 천 안쪽 양끝을 잡고 틀 밖으로 펼친다(좌, 우로).
7. 틀 안을 검지손가락으로 쓸어준다.
8. 펼쳐진 천을 왼쪽, 오른쪽 순서로 틀 안으로 덮는다.
9. 틀 왼쪽 위에 있는 천의 구멍 안에서 위로 올라오게 하여 끈을 끼운다는 사인을 주며 끈을 끼운다.
10. 오른쪽 구멍에 사인을 주고 오른쪽 구멍에 끈을 끼운다. 양쪽 끈을 모아서 길이를 똑같이 맞춘다.
11. 왼쪽 끈을 오른쪽 구멍에 끼운다.
12. 오른쪽 끈을 왼쪽 구멍에 끼운다.

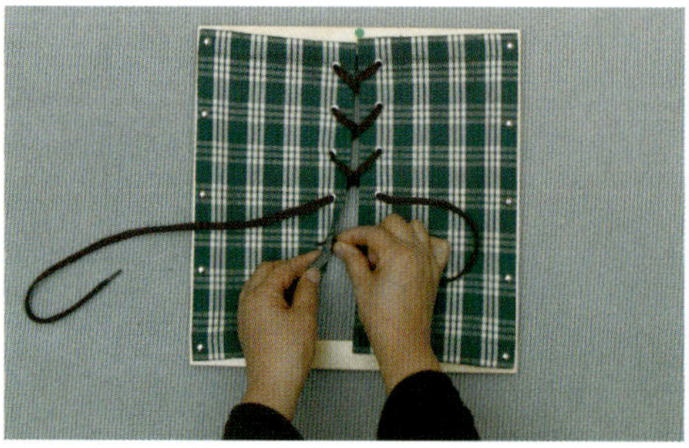

13. 11, 12번의 방법으로 구멍에 차례대로 끈을 끼운다.
14. 리본 매기와 같은 방법으로 리본을 맨다.
15. 교구와 매트를 정리한다.

흥미점

1. 구멍 밖으로 끈을 잡아당기는 것
2. 줄의 끝을 똑같이 맞추는 것
3. ×형태로 줄을 엇갈리게 하는 것

잘못의 정정

1. 줄의 길이가 양쪽이 똑같지 않을 경우
2. 줄이 매인 형태가 규칙적이지 않을 경우

직접목적

1. 질서감의 발달
2. 눈과 손의 협응력 발달
3. 집중력의 발달
4. 독립심의 발달

간접목적

1. 운동화 끈매는 방법을 안다.
2. 일상 생활 적응 및 훈련을 한다.

언 어

• 끈매기 틀, 끈

연 령

• 4세 이상

변형 및 응용

• 구두끈 매기

구두끈 매기

특기사항

• 어린이에 따라 끈 중심선에 표시를 해줄 수 있다.

손씻기

몸치장 하기

교 구

• 피처, 비누, 스펀지, 작은 타월, 앞치마, 대야, 로션, 양동이, 책상

준비단계

1. 물 따르기를 해본 어린이
2. 스펀지 짜기를 해본 어린이
3. 양동이 나르기를 해본 어린이
4. 교구가 준비되었는지 확인해 본다.
5. 어린이를 초대하여 교구의 이름을 소개한다.

시 범

1. 교구가 준비되어 있는 책상으로 가서, 교구 내용물의 이름을 알려준다.
2. 앞치마를 입고, 옷소매를 접는다.
3. 피처에 물을 떠온다.
4. 피처의 물을 대야에 붓고 피처의 입구를 스펀지로 닦는다.
5. 한 번 더 물을 떠온다.
6. 양손을 대야의 물에 담근다.
7. 두 손을 모은 후 물기를 턴다.
8. 비누를 집어 양손에 비누를 칠한 후 제자리에 놓는다.
9. 오른손으로 왼손의 손가락을 하나하나 비비며 거품을 낸다.
10. 왼손으로 오른손의 손가락을 하나하나 비비며 거품을 낸다.
11. 양손을 대야의 물 안에 담근다.
12. 왼손등을 오른손으로 물을 끼얹으며 닦는다.
13. 오른손등을 왼손으로 물을 끼얹으며 닦는다.
14. 두 손을 마주한 후 물기를 턴다.
15. 작은 타월로 손을 닦고 제자리에 놓는다.
16. 대야의 물을 양동이에 붓는다.
17. 양동이의 물을 싱크대에 버리고 온다.
18. 피처의 물을 대야에 붓고 피처의 입구를 스펀지로 닦는다.
19. 위의 11~14번을 반복한다.
20. 작은 타월로 손가락마다 물기를 닦고 제자리에 놓는다.
21. 대야의 물을 양동이에 붓는다.
22. 17번과 같이 한다.
23. 스펀지로 대야의 물기를 닦는다.
24. 책상 위에 물이 흘렀나 살펴가며 스펀지로 물을 닦는다.
25. 양동이의 물에 스펀지를 넣어 꼭 짠 후, 제자리에 놓는다.
26. 양동이의 물을 버리고 온 후 스펀지로 닦는다.
27. 스펀지를 제자리에 놓는다.
28. 바닥에 물을 흘렸는지 살피고 준비대에 바닥걸레를 가져와 닦은 후 제자리에 놓는다.
29. 로션을 손바닥에 적당 양을 짠 후, 손에 골고루 바른다.
30. 교구를 정리하고 앞치마를 벗는다.

흥미점

1. 두 손을 앞, 뒤로 돌리며 물에 담그는 것
2. 두 손을 모아 물기를 터는 것
3. 비누 거품을 내는 것
4. 손가락 하나하나를 돌리며 닦는 것
5. 손등에 물을 끼얹으며 씻는 것
6. 로션을 바르는 것
7. 손에서 나는 향기로운 냄새를 맡아보는 것

잘못의 정정

1. 비눗기가 제거되지 않는 경우
2. 거품이 나지 않는 경우

직접목적

1. 질서감의 발달
2. 눈과 손의 협응력 발달
3. 집중력의 발달
4. 독립심의 발달

간접목적

1. 손을 씻는 방법을 안다.
2. 로션의 사용법을 안다
3. 일상 생활 적응 및 훈련을 한다.

언 어

- 피처, 비누, 스펀지, 작은 타월, 앞치마, 대야, 로션, 양동이, 손씻기, 책상

연 령

- 4세 이상

변형 및 응용

1. 솔을 이용하여 손톱 씻기
2. 발씻기

특기사항

1. 손에 비누칠할 양을 미리 정해준다.
2. 로션의 양을 미리 정해준다.
3. 피처와 대야 크기를 잘 고려하여 손을 넣었을 때, 물이 넘치지 않아야 한다.

솔을 이용하여 손톱 씻기

빨래하기

몸치장 하기

교 구

- 빨래 건조대, 빨래통 2개, 빨래판, 앞치마, 피처, 비누, 세탁한 빨래를 담는 바구니, 스펀지, 빨랫감, 양동이, 작은 타월
- 준비대 : 바닥 닦는 걸레

준비단계

1. 손씻기 작업을 해본 어린이
2. 교구가 준비되었는지 확인해 본다.
3. 어린이를 초대하여 교구 이름을 소개한다.

시 범

1. 교구가 준비되어 있는 곳으로 간다.
2. 교구 내용물의 이름을 알려준다.
3. 앞치마를 입고, 옷소매를 접는다.
4. 피처에 물을 떠온 후 왼쪽 빨래통에 천천히 붓는다.
5. 피처의 입구를 스펀지로 닦는다.
6. 한 번 더 피처에 물을 떠온다.
7. 피처의 물을 오른쪽에 있는 빨래통에 붓고, 피처의 입구를 스펀지로 닦는다.
8. 빨래판을 왼쪽 빨래통에 넣는다.
9. 빨랫감을 한 개 꺼내어 빨래판이 담겨진 통에 넣는다.
10. 빨래를 물에 담근 후, 빨래판 위에 펼쳐놓는다.
11. 비누를 집어 빨래에 비누칠을 한 후 제자리에 놓는다.
12. 빨래의 양쪽 끝을 잡고 빨래를 뒤집어 한 번 더 비누를 칠한다.
13. 빨래를 빨래판에 비벼 거품을 내며 헹군다.
14. 헹군 빨래의 물을 짜며 빨래판의 거품이 아래로 흘러내리게 한다.
15. 빨래를 오른쪽 빨래통에 넣는다.
16. 빨래의 양끝을 잡고 흔들며 헹군 후 비틀어 물을 짠다.
17. 세탁한 빨래를 바구니에 담는다.
18. 바구니를 들고 건조대로 간다.
19. 빨래 양끝을 잡고 물기를 털어 편 후 건조대에 빨래를 넌다.

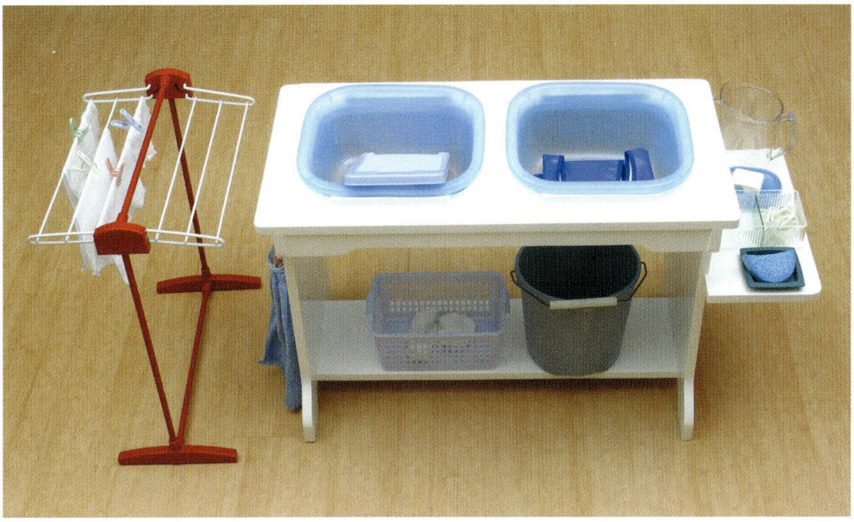

20. 빨래집게를 사용하여 빨래를 고정시킨다.
21. 스펀지로 빨래판의 물기를 제거한 후 빨래판과 스펀지를 제자리에 놓는다.
22. 왼쪽 빨래통의 물을 양동이에 붓는다.
23. 손의 물기를 타월로 닦은 후 양동이의 물을 싱크대에 버린다.
24. 싱크대에서 양동이를 헹군 후 가져온다.
25. 오른쪽 빨래통의 물을 양동이에 붓는다.
26. 양동이의 물에 스펀지를 빨아가며 오른쪽 빨래통의 물기를 닦는다.
27. 왼쪽 빨래통의 물기도 스펀지로 닦는다.
28. 빨래통 주변의 물기도 스펀지로 닦는다.
29. 스펀지를 빨아서 꼭 짠 후, 제자리에 정리한다.
30. 손의 물기를 작은 타월에 닦은 후 제자리에 놓는다.
31. 양동이의 물을 싱크대에 버리고 양동이를 헹군 후 가져온다.
32. 스펀지로 양동이 안의 물기를 닦고 스펀지를 제자리에 놓는다.
33. 바닥 닦는 걸레로 바닥의 물기를 닦는다.
34. 바닥 닦는 걸레를 제자리에 정리한다.
35. 교구를 정리하고 앞치마를 벗어 정리한다.

흥미점

1. 빨래를 하는 것
2. 빨래판을 사용하는 것
3. 비누칠을 하는 것
4. 거품을 내는 것
5. 헹굴 때 물이 더러워지는 것을 보는 것
6. 흔들어 헹구는 것
7. 비틀어 짜는 것
8. 빨래를 터는 것

잘못의 정정

1. 빨래의 때가 지워지지 않았을 경우
2. 빨래에 비눗기가 남아있는 경우
3. 거품이 나지 않는 경우

직접목적

1. 질서감의 발달
2. 눈과 손의 협응력 발달
3. 집중력의 발달
4. 독립심의 발달

간접목적

1. 빨래하는 방법을 안다.
2. 일상 생활 적응 및 훈련을 한다.

언　어

- 빨래하기, 책상, 피처, 비누, 스펀지, 빨래집게, 작은 타월, 앞치마, 빨래판, 빨랫감, 양동이, 빨래건조대, 바닥 닦는 걸레

연　령

- 4세 이상

변형 및 응용

- 운동화 빨기(솔 준비)

특기사항

1. 빨래할 것의 크기에 따라 물의 양을 조절한다.
2. 세탁물을 걷어들이는 것은 어린이들이 집에 돌아갈 때나, 마르지 않았으면 아침 일찍 등원과 동시에 걷어들이도록 약속한다.
3. 빨랫비누는 유아 비누로 사용한다.

다림질하기

몸치장 하기

교 구

- 모래시계, 다림질할 손수건이 담긴 바구니, 분무기, 빈 바구니(다린 옷감 넣는 곳), 다리미대, 다리미, 다리미 받침

준비단계

1. 위험한 물건을 다룰 줄 아는 어린이
2. 교구가 준비되었는지 확인한다.
3. 어린이를 초대하여 교구의 이름을 소개한다.

시 범

1. 교구가 있는 곳으로 어린이와 같이 간다.
2. 교구 내용물의 이름을 알려준다.
3. 플러그를 꽂고, 모래시계를 거꾸로 놓는다.
4. "모래가 다 내려올 때까지 기다려요." 라고 이야기한다.
5. 바구니에서 천을 꺼내 다리미대에 편다.
6. 분무기로 천에 물을 뿌린다.
7. 모래가 다 내려가면 다리미를 누르면서 천천히 다린다.
8. 다린 천을 접어 바구니에 담는다.
9. 5~8번을 반복한다.
10. 플러그를 뽑고, 교구를 정리한다.

흥미점

1. 손수건을 펴는 것
2. 분무기로 물 뿌리는 것
3. 다리미에서 김이 나는 것
4. 모래시계에 모래가 내려가는 것을 보는 것
5. 구김이 펴지는 것
6. 1/4로 접어 다리는 것

잘못의 정정

1. 모래시계를 거꾸로 놓지 않았을 때
2. 빨래의 구김이 다려지지 않을 경우
3. 플러그를 뽑지 않았을 경우

직접목적

1. 질서감의 발달
2. 눈과 손의 협응력 발달
3. 집중력의 발달
4. 독립심의 발달

간접목적

1. 다림질하는 방법을 안다.
2. 일상 생활 적응 및 훈련을 한다.

언 어

• 다리미, 플러그, 분무기, 모래시계

연 령

• 4세 이상

변형 및 응용

1. 다리미 옷감을 다양하게 준비하기
2. '빨래하기' 에서 널어놓은 빨래 다리기
3. 아빠 손수건을 가져와서 다려가기
4. 인형옷 다리기

특기사항

1. 플러그를 뺐는지 확인한다.
2. 다리미질 순서를 표에 적어 붙여 놓는다.
3. 다리미 온도를 적정 온도에 놓고 셀로판테이프로 고정시켜 놓는다.

구두 닦기

몸치장 하기

교 구

- 손가락 끝을 자른 장갑, 먼지 터는 솔(A), 구두약, 구두약 바르는 솔(B), 광내는 솔(C), 광내는 천, 스펀지, 앞치마, 닦을 구두, 신문지(1/4 절지 크기), 교구 담을 바구니, 쟁반, 비닐 매트(짙은 색으로 약이 묻어도 괜찮은 것)

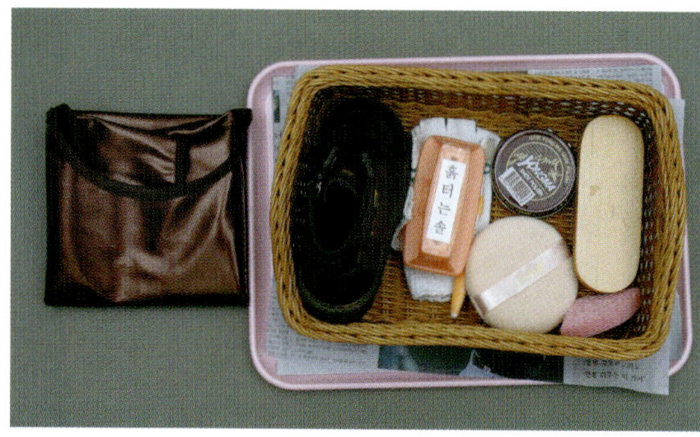

준비단계

1. 손씻기를 해본 어린이
2. 빨래하기를 해본 어린이
3. 교구가 준비되었나 확인한다.
4. 어린이를 초대하여 교구 이름을 소개한다.

시 범

1. 비닐 매트를 편다.
2. 교구를 가져와 교구 내용물을 왼쪽에서 오른쪽으로 나열하며 이름을 알려준다.
3. 앞치마를 입는다.
4. 신문지를 매트 중앙에 편다.
5. 준비대에서 구두 하나를 선택해서 신문지 위에 가지고 온다.
6. 한 손에 장갑을 낀다.
7. 다른 한 손을 구두 안에 넣고, 먼지 터는 솔(A)로 구두 먼지를 조심스럽게 신문지 위에 턴다.

8. 신문지 위에 솔을 가볍게 털고 제자리에 놓는다.
9. 구두약의 뚜껑을 열고, 솔(B)에 약을 묻힌 후, 구두에 골고루 바르고 제자리에 놓는다.
10. 구두약의 뚜껑을 덮는다.
11. 광내는 솔(C)로 광을 낸 후 제자리에 놓는다.
12. 광내는 천을 손에 끼운 후, 구두약이 남지 않게 닦는다.
13. 닦은 구두는 준비대에 갖다 놓는다.
14. 신문지의 먼지를 가운데로 모아 접어 쓰레기통에 가져다 버린다.

15. 장갑을 벗어 제자리에 정리한다.
16. 스펀지로 비닐 매트 위에 먼지를 닦고 스펀지를 싱크대에 가서 빨아서 가져온다.
17. 교구를 마지막에 꺼낸 것부터 순서대로 정리한다.
18. 앞치마를 벗고 교구를 정리한다.

흥미점

1. 구두의 먼지를 터는 것
2. 솔에 구두약을 묻히는 것
3. 구두에 약을 묻히는 것
4. 광내는 천으로 구두를 닦는 것
5. 반짝반짝해진 구두를 보는 것
6. 신문지에 먼지를 모으는 것

잘못의 정정

1. 구두가 광이 나지 않을 경우
2. 구두에 구두약이 남아 있을 경우

직접목적

1. 질서감의 발달
2. 눈과 손의 협응력 발달
3. 집중력의 발달
4. 독립심의 발달

간접목적

1. 구두 닦는 방법을 안다.
2. 구두약 사용법을 안다.
3. 일상 생활 적응 및 훈련을 한다.

언 어

- 구두 닦기, 장갑, 먼지 터는 솔, 구두약, 약 바르는 솔, 광내는 솔, 광내는 천, 스펀지, 신문지, 구두, 비닐 매트, 바구니

연 령

- 4세 이상

변형 및 응용

- 색깔 있는 구두 닦기

특기사항

1. 기능에 따라 솔의 색깔과 모양을 다르게 준비한다.
2. 닦을 구두에 먼지와 흙이 묻어 있도록 한다.

머리빗기와 머리 손질하기

몸치장 하기

교 구

• 거울, 빗, 휴지, 쟁반

준비단계

1. 눈과 손의 협응이 되는 어린이
2. 교구가 준비되었는지 확인해 본다.
3. 어린이를 초대하여 교구의 이름을 소개한다.

시 범

1. 매트를 편다.
2. 교구를 매트 위로 가져온다.
3. 교사가 사용하지 않는 손 옆에 어린이를 앉게 하고 교구 내용물의 이름을 알려준다.
4. 거울을 얼굴에 맞게 조정한다.
5. 거울을 보며 빗으로 머리를 위에서 아래로 천천히 빗는다.
6. 휴지를 한 장 뽑는다.
7. 빗에 있는 머리카락과 주변에 떨어진 머리카락을 휴지에 놓고 접어서 휴지통에 버린다.
8. 교구와 매트를 정리한다.

흥미점

1. 머리를 빗으면 머리카락이 가지런해지는 것
2. 머리카락을 찾아 휴지 위에 놓는 것

잘못의 정정

1. 머리카락이 빗겨지지 않을 때
2. 빗에 머리카락이 붙어있을 때

직접목적

1. 질서감의 발달
2. 눈과 손의 협응력 발달
3. 집중력의 발달
4. 독립심의 발달

간접목적

1. 머리를 빗으로 빗는 법, 핀을 꽂는 방법을 안다.
2. 일상 생활 적응 및 훈련을 한다.

언 어

• 거울, 휴지, 쟁반, 빗

연 령

• 3세 이상

변형 및 응용

1. 가발을 책상에 고정시켜 놓고 머리 빗겨보며 핀 꽂아보기
2. 친구 머리에 핀 꽂아보기
3. 장식물을 사용하여 머리 모양내기

특기사항

1. 휴지 대신 신문지, 이면지를 사용한다.
2. 작은 쓰레기통을 준비해도 좋다.
3. 화장대에 준비를 해줄 수도 있다.
4. 빗은 열소독기 혹은 크레졸통에 넣어 소독한 후 사용한다.

손톱 깎기

몸치장 하기

교 구

• 손 그림, 집게, 빈 그릇, 손톱깎이, 연필, 신문지 조각, 쟁반

준비단계

1. 위험한 물건을 다룰 줄 아는 어린이
2. 가위 사용하기를 해본 어린이
3. 교구가 준비되었는지 확인한다.
4. 어린이를 초대하여 교구의 이름을 소개한다.

시 범

1. 매트를 편다.
2. 교구를 매트 위에 가져온다.
3. 교사가 사용하지 않는 손 옆에 어린이를 앉게 하고 교구 내용물의 이름을 알려준다.
4. 신문지를 매트 중앙에 편다.
5. 손 그림을 신문지 위에 놓는다.
6. 손톱깎이 사용법을 소개한다.
7. 손잡이를 올려서 → 돌리고 → 오른손 엄지로 윗손잡이를 잡고 → 네 손가락으로 아래쪽을 받친다 → 눌러본다.
8. 손 그림을 왼손으로 잡고 오른손으로 손톱깎이를 잡는다.
9. 엄지 손톱부터 잡고 깎는다.
10. 다 깎은 후 손톱깎이를 신문지에 털어 남은 손톱이 없는지 확인한다.
11. 손톱깎이를 원상태로 정리하여 제자리에 놓는다
12. 완성된 손 그림에 이름을 쓴다.
13. 신문지 중앙으로 손톱을 모아서 접고 버린다.
14. 교구와 매트를 정리한다.

흥미점

1. 손톱깎이를 사용하는 것
2. 톡톡 잘라지는 소리
3. 자른 손톱을 모으는 것

잘못의 정정

1. 손톱이 잘려지지 않을 때
2. 자른 손톱 조각이 흩어져 있을 때

직접목적

1. 질서감의 발달
2. 눈과 손의 협응력 발달
3. 집중력의 발달
4. 독립심의 발달

간접목적

1. 손톱깎이 사용 방법을 안다.
2. 일상 생활 적응 및 훈련을 한다.
3. 청결감을 기른다.

언 어

• 손톱깎이, 바구니, 연필, 신문지, 쟁반, 손톱

연 령

• 3.5세 이상

변형 및 응용

• 발톱깎기

특기사항

1. 손톱깎이는 작을수록 좋다.
2. 깎을 부분의 손톱은 색을 칠해 놓는다.

3. 환경 가꾸기

내부 환경

화장실 사용하기
교실/복도에서 나르기

청소하기

책상 위 엎지른 물 닦기
먼지 닦기
책상 닦기
유리창 닦기
쟁반 위 부스러기 쓸기
돌/조개껍데기 닦기
그릇 닦기
접 기

광내기

거울 광내기
은 광내기
나무 광내기

식물/화초 가꾸기

꽃꽂이
꽃과 나무에 물주기
꽃 물 갈아주기
나뭇잎 닦아주기

음식 준비하기

빵 썰기
바나나 썰기
껍질 벗기고 썰기
상차리기

동물 기르기

먹이 주기

화장실 사용하기

내부 환경

1 노크하기

화장실에 들어가기 전에 화장실 안에 사람이 있는지 문을 '똑똑' 노크한다. 아무 소리가 없을 때 화장실의 문을 열고 들어간다. 화장실 안에서 사람이 있는 소리가 들리면 나올 때까지 기다리도록 한다.

2 휴지 사용하기

교사는 먼저 어느 정도의 휴지를 사용할 것인지 어린이가 알 수 있도록 화장실 휴지걸이에 표시를 해놓거나, 또는 휴지 자르는 선 몇 개를 사용할 것인지 정하고 어린이들에게 이야기한다. 화장실에서 대변을 보고 나면 휴지를 잘라 반을 접고 접은 휴지를 다시 반으로 접어서 항문을 닦는다. 닦은 휴지는 반을 접어 한 번 더 항문을 닦아 접어서 휴지통에 버린다. 다시 휴지를 잘라 위와 같은 방법으로 한 번 더닦아낸 다음 휴지통에 버린다.

3 물 내리기

대변 또는 소변을 다 본 후 휴지로 닦고 휴지를 버린 다음 물 내리는 손잡이를 눌러 물을 내린다.

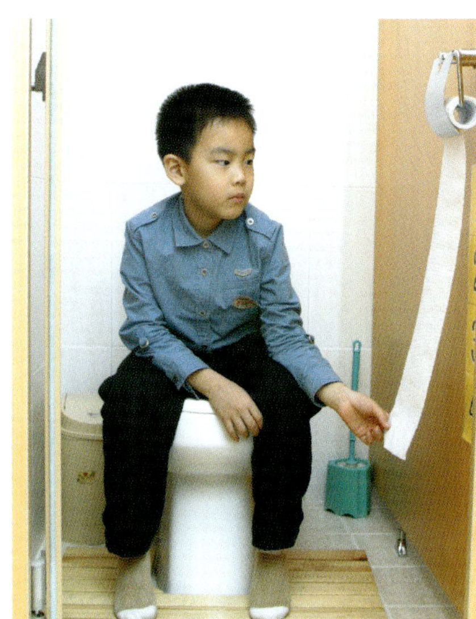

교실/복도에서

내부 환경

1 걷기 (우측 통행)

교실에서 걸을 때는 발소리가 나지 않게 걷는다. 복도에서 걸을 때는 우측으로 걸으며 뛰지 않도록 한다. 복도에는 우측 통행을 하는 발자국을 붙여주어 그 방향을 따라 걸을 때 우측 통행이 되도록 하는 것도 좋다.

2 한 줄로 서서 다니기

복도에서 다닐 때는 친구가 지나간 다음 뒤를 따라서 다니도록 하며, 중간에 끼어들어 가지 않도록 한다.

나르기 ······ 내부 환경

1 쟁반 나르기

쟁반의 양옆 중심을 양 엄지손가락이 위로 가게 하고 나머지 네 손가락이 밑으로 가게 하여 쟁반을 든다. 양팔을 옆구리에 살짝 붙여 쟁반을 든 팔이 직각으로 되도록 한다. 쟁반이 흔들리지 않도록 조심스럽게 책상이나 매트로 가지고 간다. 쟁반 한쪽 모서리가 먼저 닿도록 하여 조심스럽게 살며시 내려놓는다.

2 의자 나르기

의자의 옆에 가서 선다. 한쪽 손은 의자의 등을 잡되 엄지는 의자 등받이 안쪽을 잡고 나머지 네 손은 등받이 뒤쪽을 잡고 다른 한쪽 손은 의자 좌석의 앞 중심을 잡는다. 바닥에서부터 조용히 들어올려 사람, 물건 등 주위를 잘 둘러보고 목적의 장소로 운반해 간다. 목적지에 도착하면 조용히 의자의 한쪽 다리가 먼저 바닥에 닿게 한 후 나머지 다리도 바닥에 닿도록 내려놓는다.

3 책상 나르기

책상 나르기는 둘이 함께 하도록 한다. 나르기를 원하는 어린이는 친구에게 도움을 청한다. 책상을 사이에 두고 폭이 좁은 쪽에서 마주보고 선다. 엄지손가락이 위로 가고 네 손가락이 밑으로 가게 하여 양손으로 앞의 양쪽 가장자리를 잡는다. 둘이 함께 조용히 들어올려서 옮기고자 하는 장소로 간다. 한 사람이 먼저 한쪽 책상 다리를 소리나지 않게 바닥에 닿도록 한 후 다른 친구가 살며시 놓는다. 도움을 청한 사람은 도와준 친구에게 '고맙다' 라고 인사한다.

4 매트 나르기

매트 말은 것을 중심보다 좀더 윗부분을 한 손으로 잡고 매트를 세우듯이 들어 매트의 아래를 다른 한 손으로 받쳐들며 일어선다. 몸에서 살짝 떨어지게 들고 매트꽂이로 가서 매트를 말은 것이 흐트러지지 않도록 꽂아 세워 놓는다.

5 매트 말기, 펴기

매트 펴기

매트를 가져와 교실의 빈 공간에 놓는다. 말아진 매트를 자기 앞에 가로로 길게 놓고 살살 펴간다. 다 펴진 매트를 손바닥으로 왼쪽에서부터 오른쪽으로 훑어 평평하게 한다.

매트 말기

매트가 펼쳐져 있는 상태에서 폭이 좁은 쪽 앞에 가서 앉는다. 양손을 네 손가락이 위로 가게 하고 엄지손가락은 아래로 가도록 하여 양손이 적당한 거리를 두고 매트를 잡는다. 매트를 당기듯이 두 손으로 말다가 양옆을 한번씩 가볍게 톡톡 치며 고르게 말리도록 한다. 끝까지 꼼꼼하고 단단하게 만다.

※매트에 따라 방법을 다르게 할 수도 있다.

6 위험한 물건 다루기

끝이 뾰족한 쪽, 위험한 쪽을 자기에게 향하게 하고 받는 상대가 곧 그것을 사용할 수 있도록 준다. 상대와의 사이에 일정의 거리를 두고, 상대의 눈을 바라보며 미소를 띠며 전한다.

㉸ 가위 : 가위날을 모아 자기 앞을 향하게 하고 손잡이 부분을 상대방에게 향하게 하여 전해준다.

연필 : 연필 나무가 깎아진 부분보다 조금 윗부분을 잡고 연필심이 자기 앞을 향하게 하여 상대에게 전해준다.

책상 위 엎지른 물 닦기

청소하기

교 구

• 피처, 큰 그릇, 스펀지, 작은 타월, 쟁반, 비닐 매트

준비단계

1. 물 따르기를 해본 어린이
2. 양동이 물 옮기기를 해본 어린이
3. 스펀지 짜기를 해본 어린이
4. 교구가 준비되었는지 확인한다.
5. 어린이를 초대하여 교구의 이름을 소개한다.

시 범

1. 비닐 매트를 책상 옆에 편다.
2. 비닐 매트 위에 교구를 나열하며 교구 내용물의 이름을 알려준다.
3. 피처를 들고 싱크대에서 물을 받아온다.
4. 피처의 물을 책상 위에 붓고 피처 입구를 스펀지로 닦는다.
5. 그릇을 책상 위에 올려놓는다.
6. 스펀지를 물이 엎질러진 부분에 올려놓고, 물이 스며드는 것을 지켜본다.
7. 스펀지에 흡수된 물을 그릇 위로 옮겨 꼭 짠다.
8. 책상 위의 물기가 없어질 때까지 반복한다.
9. 다 닦은 후 스펀지를 제자리에 놓는다.
10. 작은 타월의 모서리를 가운데로 모아 쥐고, 물기를 깨끗이 닦고 제자리에 놓는다.
11. 그릇의 물을 싱크대에 버리고, 스펀지로 그릇 안에 남은 물을 닦는다.
12. 작은 타월로 손을 닦는다.
13. 교구와 비닐 매트를 정리한다.

흥미점

1. 스펀지에 물이 스며드는 것을 보는 것
2. 스펀지의 물을 그릇에 짜서 버리는 것

잘못의 정정

• 책상 위에 물기가 남아 있을 경우

직접목적

1. 질서감의 발달
2. 눈과 손의 협응력 발달
3. 집중력의 발달
4. 독립심의 발달

간접목적

1. 자신이 처해 있는 환경을 청결히 할 줄 안다.
2. 일상 생활 적응 및 훈련을 한다.

언 어

• 스펀지, 큰 그릇, 작은 타월, 쟁반, 책상, 비닐 매트

연 령

• 3세 이상

변형 및 응용

1. 바닥에 엎질러진 물 닦기
2. 식탁에 엎질러진 물 닦기
3. 우유, 주스 등 끈끈한 액체 닦기

우유, 주스 등 끈끈한 액체 닦기

쟁반 위 부스러기 쓸기

청소하기

교 구

• 선이 그려진 쟁반, 내용물이 담긴 그릇, 작은 비, 쓰레받기, 매트

준비단계

1. 눈과 손의 협응이 잘 되는 어린이
2. 교구가 준비되었는지 확인한다.
3. 어린이를 초대하여 교구의 이름을 소개한다.

시 범

1. 매트를 편다.
2. 교구를 가져온다.
3. 교사가 사용하지 않는 손 옆에 어린이를 앉게 하고 교구 내용물의 이름을 알려준다.
4. 내용물을 선 주변에 흩어놓는다.
5. 비를 한 손으로 들고 내용물을 선 안으로 쓸어 모은다.
6. 쓰레받기를 선 아래쪽 변에 고정하고, 내용물을 쓰레받기에 쓸어 담는다.
7. 선 밖으로 나간 내용물은 다시 안으로 모은다.
8. 같은 방법으로 쓸어 담는다.
9. 비로 쓰레받기의 입구를 막는다.
10. 쓰레받기를 기울여 그릇의 중앙을 향하여 내용물을 쓸어 내린다.
11. 교구와 매트를 정리한다.

흥미점

1. 작은 크기의 비와 쓰레받기
2. 내용물의 모양
3. 비로 쓰레받기의 입구를 막는 것

잘못의 정정

1. 내용물이 남아 있는 것
2. 쟁반 밖으로 부스러기를 흘리는 것
3. 쓰레받기에서 내용물이 흘러내리는 것

바닥 쓸기

직접목적

1. 질서감의 발달
2. 눈과손의 협응력 발달
3. 집중력의 발달
4. 독립심의 발달

간접목적

1. 쓸고 담는 방법을 익힌다.
2. 일상 생활 적응 및 훈련을 한다.

언 어

- 쓰레받기, 비, 매트, 내용물의 이름, 선, 쟁반

연 령

- 3세 이상

변형 및 응용

1. 바닥 쓸기
2. 마당 쓸기

특기사항

1. 내용물이 담긴 그릇이 쓰레받기의 입구보다 좁지 않도록 한다.
2. 내용물의 양은 선 안에 모두 모아질 수 있도록 한다.
3. 비와 쓰레받기는 사용하는 어린이에게 적당한 크기를 준비한다.
4. 내용물의 크기나 양은 어린이의 연령에 맞게 조절한다.

먼지 닦기

청소하기

교 구

- 교구 닦는 작은 타월, 먼지가 있음을 알리는 표(tag), 표 담는 통, 그릇, 비닐 매트, 쟁반

준비단계

1. 부스러기 쓸기를 해본 어린이
2. 교구가 준비되었는지 확인한다.
3. 어린이를 초대하여 교구의 이름을 소개한다.

시 범

1. 비닐 매트를 편다.
2. 교구를 가져온다.
3. 어린이를 교사가 사용하지 않는 손 옆에 앉게 하고, 교구 내용물의 이름을 알려준다.
4. 교구장에서 먼지가 쌓인 교구를 매트로 가져온다.
5. 작은 타월의 모서리를 가운데로 모아 잡고, 교구의 먼지를 닦는다.
6. 먼지가 남아 있는지 살핀다.
7. 교구에 붙어있던 표를 떼어 표는 표 통에 넣고 셀로판테이프는 그릇에 넣는다.
8. 닦은 교구를 교구장에 갖다 놓는다.
9. 작은 타월로 비닐 매트에 있는 먼지를 닦는다.
10. 더러워진 작은 타월은 빨래통에 넣는다.
11. 다음 친구를 위해 깨끗한 작은 타월을 가져오고, 셀로판테이프는 휴지통에 버린다.
12. 교구와 매트를 정리한다.

흥미점

1. 작은 타월에 묻은 먼지
2. 작은 타월을 접는 것
3. 새 타월로 교환하는 것
4. 표를 떼어내는 것

잘못의 정정

1. 먼지가 남아 있는 것을 볼 경우

2. 다 닦은 후 표를 떼지 않았을 경우

직접목적

1. 질서감의 발달
2. 눈과 손의 협응력 발달
3. 집중력의 발달
4. 독립심 발달

간접목적

1. 일상 생활 적응 및 훈련을 한다.
2. 친구를 위한 배려를 할 줄 안다.

언 어

• 작은 타월, 표, 그릇, 표 담는 통, 먼지, 쟁반, 비닐 매트

연 령

• 3세 이상

변형 및 응용

1. 창틀 먼지 닦기
2. 교구장 닦기
3. 먼지털이개 사용하기

특기사항

• 교구장을 닦을 때 내려놓은 순서대로 교구를 정리하도록 강조한다.
• 표에는 "닦아주세요"라고 쓰여 있다.

돌/조개껍데기 닦기

청소하기

교 구

• 피처, 솔, 비누, 스펀지, 작은 타월, 돌이나 조개껍데기를 담은 그릇, 대야, 앞치마, 양동이, 책상

준비단계

1. 물 따르기를 해본 어린이
2. 양동이 들고 나르기를 해본 어린이
3. 교구가 준비되었는지 확인한다.
4. 어린이를 초대하여 교구의 이름을 소개한다.

시 범

1. 교구가 준비된 책상으로 간다.
2. 교구 내용물의 이름을 알려준다.
3. 앞치마를 입고 옷소매를 올린다.
4. 피처를 들고 싱크대로 간다.
5. 수돗물을 틀어 피처 안쪽에 표시된 선만큼 물을 받아 책상으로 온다.
6. 피처의 물을 그릇에 붓고, 피처의 입구를 스펀지로 닦는다.
7. 돌을 물이 들어 있는 볼 안에 담가 물을 묻힌다.
8. 솔을 들고 비누를 묻힌다.
9. 한 손으로 돌을 잡고, 돌 표면에 거품이 일도록 솔질한다.
10. 솔에 묻어 있는 거품을 물에 헹군다.
11. 솔의 물기를 털어서 제자리에 놓는다.
12. 스펀지에 물을 적셔 스펀지를 짜면서 돌에 있는 거품을 씻어내린다.
13. 스펀지는 꼭 짜서 제자리에 정리한다.
14. 거품이 완전히 없어지면 물 안에 있는 돌을 건져 제자리에 놓는다.
15. 물기를 짠 스펀지를 들고 돌의 물기를 닦는다.
16. 볼의 물을 양동이에 버리고 스펀지로 볼 입구를 닦는다.
17. 양동이의 물을 버리고 물을 떠온다.
18. 양동이의 물에서 스펀지를 빨아서 그릇 안을 닦는다.
19. 책상에 물이 떨어져 있으면 볼을 옆에 내려두고 스펀지로 닦는다.

20. 작은 타월로 손을 닦고 제자리에 정리한다
21. 양동이의 물을 싱크대로 가서 버리고 깨끗한 물로 양동이를 헹군다.
22. 스펀지로 양동이의 물기를 닦는다.
23. 앞치마를 벗어 정리하고 옷소매를 내린다.

흥미점

1. 솔로 비누의 표면을 문지르는 것
2. 솔로 돌을 문지르는 것
3. 돌을 문지를 때 나는 소리를 듣는 것
4. 거품이 이는 것을 보는 것
5. 스펀지의 물을 짜서 돌의 거품을 씻어내리는 것

잘못의 정정

1. 거품이 일지 않는 경우
2. 거품의 양이 너무 많은 경우
3. 돌 표면에 거품이 남아 있는 경우
4. 책상 위에 물기가 남아 있는 경우

직접목적

1. 질서감의 발달
2. 눈과 손의 협응력 발달
3. 집중력 발달
4. 독립심 발달

간접목적

1. 솔의 사용법을 안다.
2. 일상 생활 적응 및 훈련을 한다.

언 어

• 돌, 조개껍데기, 양동이, 솔, 비누, 앞치마, 작은 타월, 대야, 스펀지

연 령

• 3.5세 이상

변형 및 응용

• 인형 목욕 시키기

특기사항

1. 거품의 양을 고려하여 비누칠을 정해준다.
2. 연령에 따라 조개나 돌의 크기와 모양을 달리 한다.

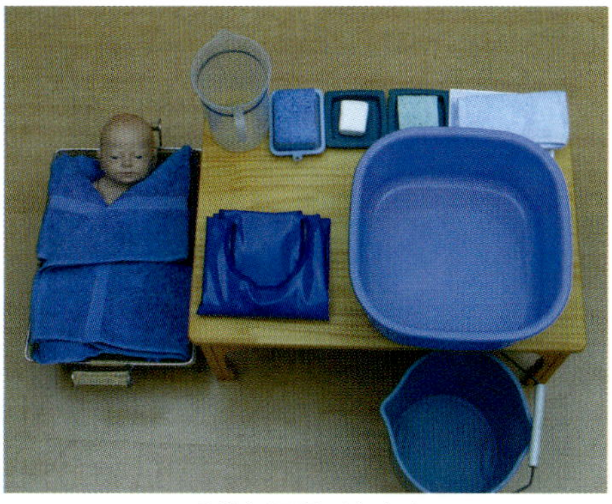

인형 목욕 시키기

책상 닦기

청소하기

교 구

• 피처, 스펀지, 솔, 비누, 작은 타월, 앞치마, 대야, 양동이, 비닐 매트, 책상

준비단계

1. 돌/조개껍데기 닦기를 해본 어린이
2. 교구가 준비되었는지 확인한다.
3. 어린이를 초대하여 교구의 이름을 소개한다.

시 범

1. 책상 닦기 장소로 간다.
2. 교구 내용물의 이름을 알려준다.
3. 앞치마를 입고 옷소매를 올린다.
4. 피처를 싱크대로 가지고 가서 정해진 양만큼 물을 받는다.
5. 피처의 물을 대야에 붓고, 피처의 입구를 스펀지로 닦는다.
6. 피처에 물을 한 번 더 받아와 제자리에 놓는다.
7. 스펀지로 책상의 표면에 물을 묻히고 제자리에 놓는다.
8. 솔에 물을 묻혀 비누를 묻힌다.
9. 책상의 왼쪽 상단에서 오른쪽으로 나선을 그리듯이 돌려가며 거품을 내면서 책상을 닦는다.
10. 책상의 표면을 전체적으로 닦은 후, 잘 닦이지 않은 부분은 솔로 다시 그 부분만 닦는다.
11. 솔을 대야의 물에 씻어 솔의 물기를 턴 후 제자리에 놓는다.
12. 책상 위의 거품을 왼쪽 상단부터 시작하여 오른쪽으로 움직이며 스펀지로 닦는다.
13. 비누 거품이 묻은 스펀지를 대야 물에 씻은 후 꼭 짠다.
14. 12~13번을 반복한다.
15. 다 닦은 후 책상의 가장자리를 한 번 더 닦아준다.
16. 스펀지를 대야 안에 넣고 씻어서 정리한다.
17. 대야의 물을 양동이에 버리고 작은 타월로 손을 닦는다.
18. 양동이의 물을 싱크대에 버리고, 깨끗한 물로 헹구어 제자리에 놓는다.
19. 피처에 남아 있는 물을 대야에 붓는다.
20. 스펀지에 물을 묻혀 다시 한 번 책상을 닦는다.
21. 스펀지를 빨아서 제자리에 놓고, 수건으로 손을 닦는다.

22. 수건을 접어서 책상 위의 물기를 닦는다.
23. 수건을 제자리에 정리한다(수건이 더러울 경우 빨래통에 넣고 새것으로 바꾸어 준비해 준다).
24. 대야의 물을 양동이에 버리고, 주변에 물기를 닦는다.
25. 양동이의 물을 싱크대에 가서 버리고 스펀지로 닦는다.
26. 교구를 제자리에 정리한다.
27. 앞치마를 벗고 옷소매를 내린다.

흥미점

1. 솔에 비누를 묻히는 것
2. 솔로 거품을 내는 것
3. 책상의 때를 살펴보며 닦는 것
4. 스펀지로 거품을 닦는 것
5. 더러워진 비누 거품을 보는 것

잘못의 정정

1. 책상의 때가 남아 있는 경우
2. 거품이 남아 있는 경우

직접목적

1. 질서감의 발달
2. 눈과 손의 협응력 발달
3. 집중력의 발달
4. 독립심의 발달

간접목적

1. 자신이 처해 있는 환경을 청결히 하는 방법을 안다.
2. 도구를 이용하여 청소하는 방법을 안다.
3. 일상 생활 적응 및 훈련을 한다.

언 어

• 앞치마, 비닐 매트, 책상, 피처, 비누, 솔, 스펀지, 대야, 양동이, 작은 타월

연 령

• 4세 이상

변형 및 응용

1. 바닥 닦기
2. 의자 닦기

특기사항

• 거품의 양을 고려하여 비누칠의 횟수를 정해준다.

그릇 닦기 (설거지 하기)

청소하기

교 구

- 피처, 세제, 숟가락, 수세미, 스펀지, 작은 타월, 앞치마, 설거지통 2개, 건조대, 설거지 할 그릇과 통, 양동이
- 준비대 : 대걸레

준비단계

1. 책상 닦기를 해본 어린이
2. 교구가 준비되었는지 확인한다.
3. 어린이를 초대하여 교구의 이름을 소개한다.

시 범

1. 준비되어 있는 책상으로 간다.
2. 교구 내용물의 이름을 알려준다.
3. 앞치마를 입고 소매를 걷어 올린다.
4. 피처를 들고 싱크대에서 물을 떠온다.
5. 피처의 물을 왼쪽에 있는 설거지통에 붓고 스펀지로 피처의 입구를 닦는다.
6. 피처에 물을 떠온다.
7. 피처의 물을 오른쪽에 있는 설거지통에 붓고 스펀지로 피처의 입구를 닦는다.
8. 세제를 숟가락에 부어 물이 들어 있는 설거지통에 푼 후 제자리에 놓는다.
9. 왼쪽 설거지통에 그릇을 넣고 그릇을 수세미로 앞뒷면을 돌려가며 닦는다.
10. 수세미는 물 속에 그대로 두고 씻은 그릇은 오른쪽 설거지통으로 옮겨 담근다.
11. 담근 그릇을 스펀지로 문지르면서 헹군 후 건조대에 엎어놓는다.
12. 나머지 그릇도 위와 같은 방법으로 닦는다.
13. 그릇을 다 닦은 후 수세미와 스펀지를 깨끗이 헹구어 정리한다.
14. 왼쪽 설거지통의 물을 양동이에 붓고 작은 타월로 손을 닦는다.
15. 양동이의 물을 싱크대에 버리고 헹군다.
16. 오른쪽 설거지통의 물을 양동이에 붓고 스펀지로 설거

지통을 닦는다.

17. 세제가 묻어 있는 설거지통 안과 책상 위의 물기를 닦는다.
18. 양동이에 스펀지를 깨끗이 빨아 정리하고 작은 타월로 손을 닦는다.
19. 양동이의 물을 싱크대에 버리고 스펀지로 물기를 닦는다.
20. 대걸레로 바닥에 흘려져 있는 물기를 닦는다.
21. 교구와 앞치마를 정리하고 옷소매를 내린다.

흥미점

1. 수세미로 그릇을 닦는 것
2. 스펀지로 그릇을 닦는 것
3. 그릇이 깨끗해지는 것
4. 대걸레로 바닥을 닦는 것

잘못의 정정

1. 그릇에 비눗기가 남는 것
2. 그릇에 지저분한 것이 남아 있는 것

직접목적

1. 질서감의 발달
2. 눈과 손의 협응력 발달
3. 집중력의 발달
4. 독립심의 발달

간접목적

1. 환경을 청결히 할 줄 안다
2. 설거지 하는 방법을 안다.
3. 일상 생활 적응 및 훈련을 한다.

언 어

• 설거지, 앞치마, 설거지통, 피처, 세제, 숟가락, 수세미, 그릇, 건조대, 양동이, 대걸레, 수건

연 령

• 4세 이상

변형 및 응용

1. 일상 영역의 그릇들 닦기
2. 간식 접시 닦기

특기사항

1. 세제의 양은 물세제를 사용하여 숟가락으로 횟수를 정한다.
2. 설거지통에 그릇을 넣을 때는 한 개씩 넣어 서로 부딪치지 않도록 한다.
3. 환경 보호를 위해 천연 세제를 사용한다.
4. 손을 보호하기 위해 로션을 제공할 수 있다.

유리창 닦기

청소하기

교 구

• 분무기(윈덱스, 퐁퐁), 작은 수건, 작은 타월, 쟁반

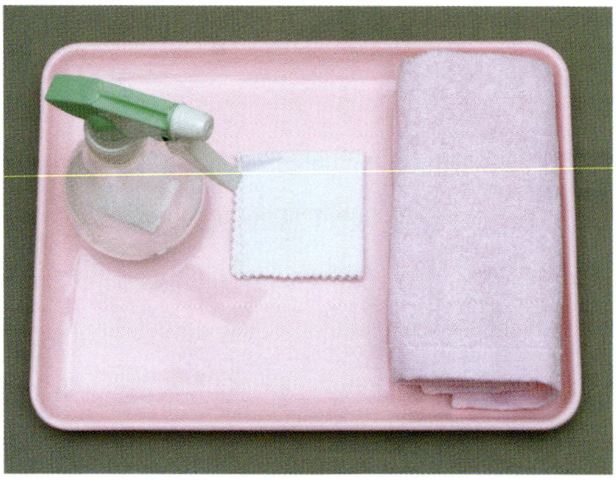

준비단계

1. 그릇 닦기를 해본 어린이
2. 교구가 준비되었는지 확인한다.
3. 교사 자신이 시범을 보일 준비가 되었는지 확인한다.
4. 어린이를 초대하여 교구의 이름을 소개한다.

시 범

1. 더러운 창문을 선택한다.
2. 교구 쟁반을 가져가서 교구 내용물의 이름을 알려준다.
3. 한 손의 엄지로 분무기의 몸통을 잡고 네 손가락으로 손잡이 부분을 잡고 다른 손으로는 분무기의 밑부분을 받친다.
4. 더러운 부분에 초점을 맞추어 물을 분사한다.
5. 분무기를 쟁반에 다시 올려 놓는다.
6. 작은 수건을 삼각으로 접어서 잡고 창문을 왼쪽 상단에서 오른쪽으로, 위에서 아래로 닦아준다.
7. 작은 타월로 4개의 모서리를 모아서 잡고 물기를 닦아준다.
8. 다 닦은 후 얼룩이 있는지를 살핀다.
9. 얼룩이 남아 있는 부분을 찾아 부분적으로 닦는다.
10. 더러워진 수건은 빨래통에 넣고 새 수건을 쟁반에 준비해 준다.
11. 쟁반을 처음과 같은 상태로 정돈한다.
12. 교구를 정리하여 제자리에 갖다 놓는다.

흥미점

1. 분무기의 사용
2. 작은 수건에 때가 묻는 것을 보는 것
3. 유리창이 깨끗해지는 것을 보는 것

4. 유리창에 자기 모습을 비춰 보는 것
5. 분무기에서 물이 뿜어져 나가는 것

잘못의 정정

1. 물을 너무 많이 분사하여 물기가 닦이지 않는 것
2. 유리창에 얼룩이 남아 있는 것

직접목적

1. 질서감의 발달
2. 눈과 손의 협응력 발달
3. 집중력의 발달
4. 독립심의 발달

간접목적

1. 일상 생활 적응 및 훈련을 한다.
2. 유리창 닦는 법을 안다.

언　어

• 유리창, 작은 수건, 분무기, 작은 타월

언　어

• 3세 이상

변형 및 응용

1. 가구 닦기
2. 마루 닦기
3. 현관 유리 닦기
4. 차 유리 닦기

접 기

청소하기

교 구

• 30×30cm 크기의 헝겊 4개(각각의 천에는 아래의 선을 박음질해 놓는다), 천들을 담을 쟁반

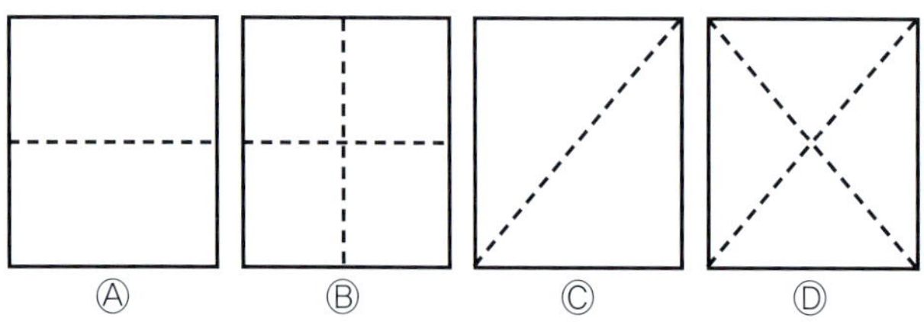

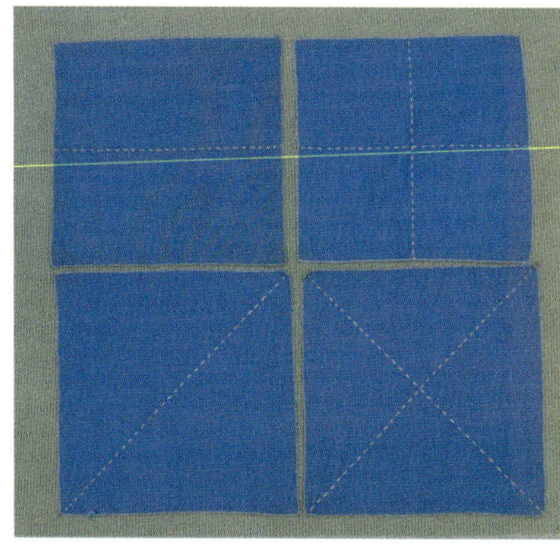

준비단계

1. 눈과 손의 협응이 된 어린이
2. 교구가 준비되었나 확인한다.
3. 어린이를 초대하여 교구의 이름을 소개한다.

시 범

1. 매트를 편다.
2. 교구를 갖다 매트 하단에 내려 놓는다.

수평선 천

3. 쟁반에서 수평선 천을 두 손으로 잡아 꺼내어 매트 중앙에 놓는다.
4. 한 손으로 박음질된 선의 왼쪽을 누르고 다른 손 검지로 왼쪽에서 오른쪽으로 선을 따라 천천히 긋는다.
5. 한 손의 세 손가락과 다른 손의 세 손가락으로 위의 양 모서리를 쥔다.
6. 아래로 접어 왼쪽 모서리와 오른쪽 모서리를 차례대로 맞춘다.
7. 접은 부분의 왼쪽 끝을 누르고, 오른손 검지로 왼쪽에서 오른쪽으로 선을 따라 긋는다.
8. 접은 천을 왼쪽 상단에 올려놓는다.

십자선 천

9. 십자선 천을 3번과 같이 가져온다.
10. 4~7번까지 동일 방법으로 한다.
11. 왼쪽 모서리와 오른쪽 위 모서리를 잡고 시계 반대 방향으로 90도 돌린다.
12. 4~7번과 같은 방법으로 접는다.
13. 접은 천을 위쪽 상단에 차례대로 놓는다.

사　선

14. 사선천을 3번과 같이 가져 온다.
15. 마름모형이 되도록 자신의 앞으로 놓는다.
16. 왼쪽에서 오른쪽으로 동일 방법으로 선 따라 긋는다.
17. 위 모서리와 아래 모서리를 맞춘다.
18. 7번과 같은 방법으로 접는다.
19. 접은 천을 올려놓는다.

X자천

20. ×자천을 3번과 같이 가져온다.
21. 마름모형이 되도록 자신의 앞으로 놓는다.
22. 16~18번과 같은 방법으로 접는다.
23. 시계 반대 방향으로 90도 돌려 놓는다.
24. 같은 방법으로 선 따라 그려준 후, 오른손으로 위의 모서리를 잡아 아래 모서리에 맞추어 접는다.
25. 접어진 부분을 7번과 동일 방법으로 그어준다.
26. 접은 상태에서 매트 위로 올린다.
27. 완성된 접은 상태를 살펴본다.
28. 마지막 접었던 천부터 차례대로 펴서 쟁반에 담는다.
29. 교구를 교구장에 갖다 놓는다.
30. 매트를 정리한다.

흥미점

1. 박음질 선을 따라 손끝으로 긋는 것
2. 모서리를 꼭 맞추어 접는 것
3. 박음질 선의 종류에 따라 다른 모양으로 접어진 것을 보는 것
4. 박음질 선을 따라 접는 것

잘못의 정정

1. 접은 상태에서 박음질 선이 보이는 것
2. 모서리가 만나지 않는 것

직접목적

1. 질서감의 발달
2. 눈과 손의 협응력 발달
3. 집중력의 발달
4. 독립심의 발달

간접목적

1. 여러 가지 형태로 접을 수 있는 방법을 안다.
2. 일상 생활 적응 및 훈련을 한다.

언 어

• 접기, 수평선, 십자선, 사선, 엑스(×)자선,

연 령

• 3~4세 이상

변형 및 응용

1. 접는 선이 없는 헝겊 접기
2. 손수건 접기
3. 냅킨 접기
4. 종이 접기
5. 옷 접기

특기사항

• 단색의 내프킨 천에 박음질로 선을 만든다.

종이 접기

옷 접기

거울 광내기

광내기

교 구

- 뚜껑 있는 그릇, 물을 묻힌 솜, 작은 그릇, 신문지 조각, 핀셋, 쟁반, 비닐 매트
- 준비대 : 거울

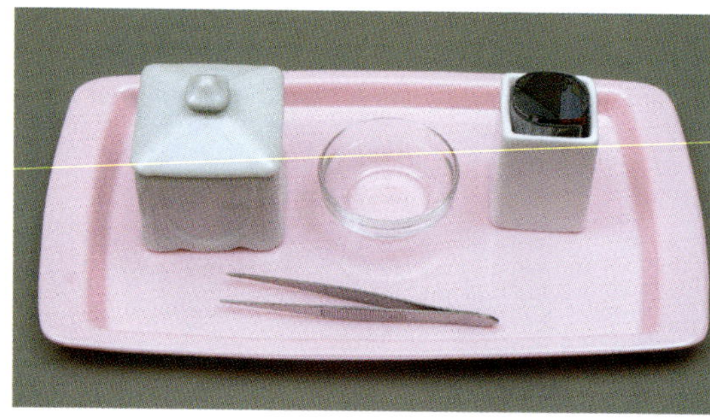

준비단계

1. 먼지털기/닦기를 경험한 어린이
2. 교구가 준비되었는지를 확인한다.
3. 어린이를 초대하여 교구의 이름을 소개한다.

시 범

1. 매트를 편다
2. 교구를 가지고 와서 매트 위에 놓는다.
3. 쟁반에서 교구를 꺼내어 놓으며, 교구 내용물의 이름을 알려준다.
4. 준비대에 가서 광내기를 할 거울을 선택한다.
5. 핀셋으로 솜을 하나 꺼내 거울을 닦는다.
6. 솜이 더러워진 것을 확인하고 작은 그릇에 넣는다.
7. 신문지 조각을 접어 거울을 살펴가며 닦는다.
8. 깨끗해진 거울을 눈으로 확인한다.
9. 더러워진 신문지 조각을 작은 그릇에 넣는다.
10. 깨끗한 거울은 준비대에 가져다 놓는다.
11. 작은 그릇의 쓰레기를 큰 쓰레기통에 버린다.
12. 교구와 매트를 정리한다.

흥미점

1. 핀셋으로 솜을 집는 것
2. 솜에 검게 묻어난 자국을 보는 것
3. 깨끗해진 거울을 보는 것
4. 거울이 반짝반짝 빛나는 것
5. 깨끗해진 거울에 얼굴을 비추어 보는 것

잘못의 정정

1. 얼룩이 남아 있을 경우
2. 물기가 남아 있을 경우

직접목적

1. 질서감의 발달
2. 눈과 손의 협응력 발달
3. 집중력의 발달
4. 독립심의 발달

간접목적

1. 청결감을 기른다.
2. 일상 생활 적응 및 훈련을 한다.

언 어

- 솜, 신문지 조각, 거울, 작은 그릇, 핀셋, 비닐 매트

연 령

- 3세 이상

변형 및 응용

1. 교실 거울 닦기
2. 유리 닦기

특기사항

1. 신문지 조각 대신 작은 천을 사용할 수 있다.
2. 물 대신 유리 닦는 세제를 사용할 수 있다.

나무 광내기

광내기

교 구

• 뚜껑이 있는 그릇, 칸이 나뉘어진 접시, 작은 순가락, 나무 광내는 약, 면봉, 화장솜, 광내기를 할 나무로 된 물체, 타월, 비닐 매트

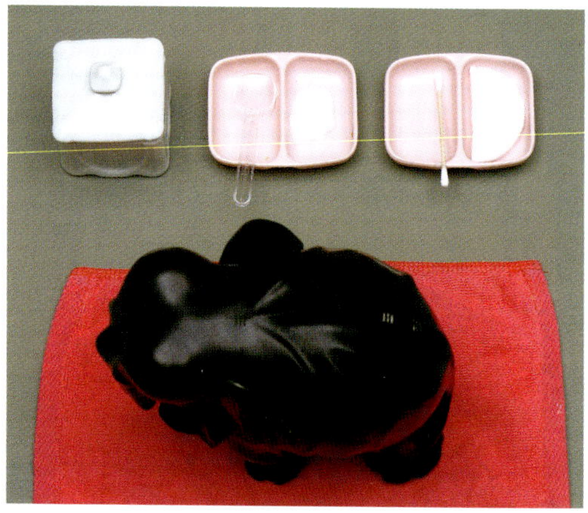

준비단계

1. 거울 광내기를 해본 어린이
2. 교구가 준비되었는지를 확인한다.
3. 어린이를 초대하여 교구의 이름을 소개한다.

시 범

1. 매트를 편다.
2. 교구를 가져다 매트 위에 놓는다.
3. 쟁반에서 교구를 꺼내어 놓으며 교구 내용물의 이름을 알려준다.
4. 타월을 편다.
5. 준비대에 가서 나무로 된 인형을 가져온다.
6. 나무 인형을 타월 위에 놓는다.
7. 광내는 약통 뚜껑을 연다.
8. 작은 순가락으로 약을 덜어 칸이 나뉘어진 접시에 담는다.
9. 약통 뚜껑을 닫는다.
10. 면봉으로 닦을 부분에 약을 바른다.
11. 면봉을 제자리에 놓는다.
12. 약이 마르도록 기다린다.
13. 화장솜으로 약을 바른 부분을 닦는다.
14. 화장솜에 묻어난 때를 확인한다.
15. 화장솜을 제자리에 놓는다.
16. 광을 낸 부분을 살펴본다.
17. 다른 친구가 나머지 부분을 광내기 할 수 있도록 준비대에 나무 인형을 가져다 놓는다.
18. 화장솜으로 순가락과 접시를 닦는다.
19. 면봉은 다른 친구가 사용할 수 있도록 돌려 놓는다.
20. 사용한 화장솜은 쓰레기통에 버리고, 새것으로 가져다 놓는다.
21. 교구와 매트를 정리한다.

흥미점

1. 나무가 반짝반짝 빛나는 것
2. 화장솜에 묻어나는 때
3. 면봉으로 나무에 약을 바르는것

잘못의 정정

1. 광내는 약을 너무 많이 발라 마르지 않는 것
2. 광이 나지 않는 것
3. 얼룩이 남은 것

직접목적

1. 질서감의 발달
2. 눈과 손의 협응력 발달
3. 집중력의 발달
4. 독립심의 발달

간접목적

1. 광내기 하는 방법을 안다.
2. 일상 생활 적응 및 훈련을 한다.
3. 정확한 양의 약을 조절할 수 있는 능력을 기른다.

언 어

- 나무 광내기, 광내기 약, 나무로 된 물체, 면봉, 접시, 화장솜, 숟가락, 비닐 매트, 타월

연 령

- 3.5세 이상

변형 및 응용

1. 감각 영역의 교구를 가져다 닦을 수 있다.
2. 작은 가구 닦기

특기사항

1. 면봉의 위, 아래를 모두 사용하도록 한다.
2. 면봉의 양쪽을 다 사용한 것은 다음 친구를 위하여 바꾸어 준다.
3. 교구는 무광택 나무로 준비한다(코팅 처리 안된 나무).

은 광내기

광내기

교 구

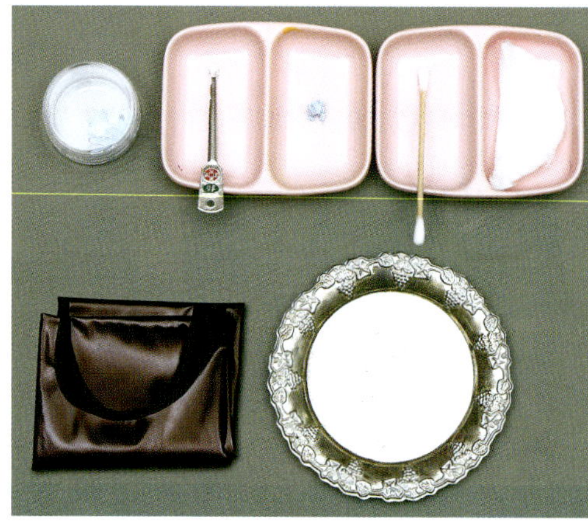

• 은 광내는 약, 칸이 구분되어 있는 그릇, 작은 숟가락, 면봉, 화장솜(혹은 부드러운 천), 앞치마, 닦을 은그릇들, 쟁반, 비닐 매트, 스펀지

준비단계

1. 나무 광내기를 해 본 어린이
2. 쟁반 위 부스러기 쓸기를 해 본 어린이
3. 교구가 준비되었는지를 확인한다.
4. 어린이를 초대하여 교구의 이름을 소개한다.

시 범

1. 매트를 편다.
2. 교구를 가져다 매트 위에 놓는다.
3. 쟁반에서 교구를 꺼내어 놓으며 교구 내용물의 이름을 알려준다.
4. 앞치마를 입는다.
5. 준비대로 가서 광내기할 은그릇을 선택한다. 선택한 은그릇을 매트의 중앙에 놓는다.
7. 은그릇의 닦을 부분을 결정한다.
8. 약이 담긴 병의 뚜껑을 연다.
9. 작은 숟가락으로 정해진 양만큼 빈 그릇에 덜어낸다.
10. 약뚜껑을 닫는다.
11. 면봉으로 작은 숟가락에 묻은 약을 닦는다.
12. 은그릇의 닦을 부분에 면봉으로 바른다.
13. 면봉을 제자리에 놓는다.
14. 은그릇에 바른 약이 마를 때까지 기다린다.
15. 검지 손가락으로 은그릇을 만져본다.
16. 손가락에 약이 묻으면 더 기다린다.
17. 화장솜으로 은그릇의 약을 닦아낸다.
18. 동그라미를 그리듯이 닦으며 광내기를 한다.
19. 은그릇에 더러운 곳이 없는지 확인한다.
20. 사용한 화장솜은 제자리에 놓는다.
21. 광내기를 한 은그릇을 다른 친구를 위해 준비대의 제자리에 가져다 놓는다.
22. 솜으로 빈 그릇에 남아 있는 약을 닦아낸다.
23. 다른 친구를 위해 면봉을 사용하지 않은 쪽으로 돌려놓는다(양쪽 다 사용한 면봉은

쓰레기통에 버리고 준비대에서 새것으로 가져다 놓는다).
24. 사용한 화장솜은 쓰레기통에 버린다.
25. 준비대에서 화장솜을 새것으로 가져온다.
26. 매트 위에 떨어진 부스러기가 있는지 확인한다.
27. 빗자루와 쓰레받기를 가져온다. 매트 위의 부스러기를 쓸어 담아 버린다.
28. 스펀지로 비닐매트에 묻어 있는 약을 닦은 다음 싱크대에서 씻어 온다.
29. 교구를 쟁반에 담는다. 앞치마를 벗어서 접는다. 교구와 매트를 정리한다.

흥미점

1. 닦을 그릇을 고르는 것
2. 약을 바르는 것
3. 화장솜에 묻어나는 것
4. 광을 낸 은그릇에 얼굴을 비춰보는 것
5. 은그릇이 반짝반짝 빛나는 것
6. 면봉과 화장솜을 새것으로 바꿔 놓는 것

잘못의 정정

1. 때가 닦이지 않는 경우
2. 광이 나지 않는 경우
3. 얼룩이 생기는 경우

직접목적

1. 질서감의 발달
2. 눈과 손의 협응력 발달
3. 집중력의 발달
4. 독립심의 발달

간접목적

1. 은 광내기 하는 방법을 안다.
2. 일상 생활 적응 및 훈련을 한다.
3. 약의 양을 조절할 수 있는 능력을 기른다.

언 어

• 은그릇 광내기, 은쟁반, 화장솜, 면봉, 숟가락, 얼룩, 광택, 앞치마, 쟁반, 스펀지

연 령

• 3.5세 이상

변형 및 응용

• 은수저 닦기, 금속 닦기, 촛대 닦기, 놋그릇 닦기

특기사항

1. 성취감을 주기 위해서는 작은 은그릇이나 은수저가 좋다.
2. 약이 마르는 동안 모래시계나 동화책을 보며 기다린다.
3. 약 대신 치약이나 소금으로 대용할 수 있다.

꽃꽂이

식물/화초 가꾸기

교 구

• 꽃, 크기와 모양이 다양한 꽃병, 눈금이 표시된 큰 피처, 깔때기, 꽃가위, 스펀지, 작은 타월, 앞치마, 신문지, 양동이, 책상

준비단계

1. 물 따르기를 해본 어린이
2. 깔때기를 사용할 줄 아는 어린이
3. 가위를 사용할 줄 아는 어린이
4. 교구가 준비되었는지 확인한다.
5. 어린이를 초대하여 교구의 이름을 소개한다.

시 범

1. 어린이와 함께 꽃꽂이를 할 수 있도록 준비된 책상으로 간다.
2. 교구 내용물의 이름을 알려준다.
3. 앞치마를 정해진 방법으로 바르게 입는다.
4. 책상 위의 오른쪽 부분에 신문지를 펴고 꽃병을 선택한다.
5. 선택한 꽃병을 책상의 앞쪽으로 놓는다.
6. 피처의 눈금만큼 물을 받아온다.
7. 꽃병의 구멍에 맞는 깔때기를 선택한 후 깔때기를 꽃병에 꽂는다.
8. 피처의 물을 꽃병에 표시해 둔 부분까지 물의 양을 확인하며 붓는다.
9. 스펀지로 피처의 물따른 입구를 닦는다.
10. 꽃병에서 깔때기를 뺀다.
11. 깔때기의 물기를 스펀지로 닦는다.
12. 꽃을 선택한다.
13. 꽃병 밖에서 꽃을 대어 보며 길이를 생각해 본다.
14. 꽃을 신문지 위에 놓고 전지가위로 알맞은 길이만큼 자른다.
15. 필요 없는 잎을 정리한다.
16. 꽃병에 꽃을 꽂는다.
17. 꽃이 꽂혀진 꽃병을 여러 사람이 잘 볼 수 있는 자리에 갖다 놓는다.
18. 신문지를 반으로 접는다.
19. 신문지를 쓰레기통에 가져가 분리하여 버린다.
20. 피처에 남아 있는 물을 양동이에 붓는다.
21. 스펀지로 피처의 입구를 닦는다.
22. 책상 위에 물이 떨어져 있는지 살피고 스펀지로 닦아준다.
23. 양동이의 물에 스펀지를 빨아 제자리에 놓는다.
24. 작은 타월에 손의 물기를 닦는다.
25. 양동이의 물을 싱크대에 가져가 버린다.

26. 스펀지로 양동이 안의 물기를 닦는다.
27. 스펀지를 제자리에 놓는다.
28. 교구를 정리한다.
29. 앞치마를 벗어 제자리에 정리한다.

흥미점

1. 꽃병을 선택하는 것
2. 여러 가지 모양의 꽃병
3. 깔때기의 모양
4. 깔때기 안으로 물이 들어가는 것
5. 꽃의 길이를 자르기 위해 측정하는 것
6. 줄기의 마디를 자르는 것
7. 꽃꽂이를 하는 것
8. 원하는 장소에 꽃병을 갖다 놓는 것

잘못의 정정

1. 병 밖으로 물이 넘칠 경우
2. 꽃이 꽃병에 들어가지 않을 경우

직접목적

1. 질서감의 발달
2. 눈과 손의 협응력 발달
3. 집중력의 발달
4. 독립심의 발달

간접목적

1. 꽃꽂이 하는 방법을 안다.
2. 미적 감각을 기른다.
3. 일상 생활 적응 및 훈련을 한다.

언　어

• 꽃병, 깔때기, 피처, 스펀지, 전지가위, 작은 수건, 꽃, 신문지, 양동이, 앞치마, 책상, 꽃꽂이, 꽃들의 이름, 작은 그릇

연　령

• 4세 이상

변형 및 응용

1. 꽃 물 갈아주기
2. 수반에 꽃꽂이

특기사항

1. 꽃병의 크기는 다양하게 준비한다.
2. 꽃병과 꽃의 종류를 다양하게 바꾸어 간다.
3. 꽃이 풍성한 계절에 교구를 제시하는 것이 좋다.
4. 물 속에서 꽃 자르기를 할 경우에는 그릇을 하나 더 준비한다.

꽃 물 갈아주기

식물/화초 가꾸기

교 구

• 꽃이 담긴 병, 병 닦는 솔, 작은 쟁반, 눈금이 표시된 피처, 깔때기, 꽃가위, 스펀지, 신문지, 큰 쟁반, 비닐 매트

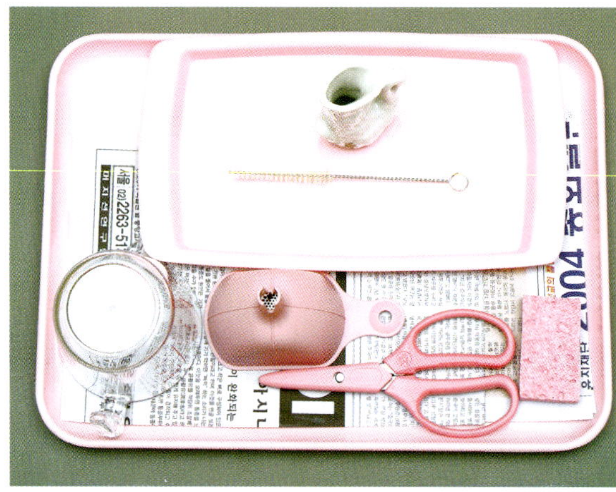

준비단계

1. 꽃꽂이를 해본 어린이
2. 교구가 준비되었는지 확인한다.
3. 어린이를 초대하여 교구의 이름을 소개한다.

시 범

1. 비닐 매트를 편다.
2. 교구를 가지고 와서 비닐 매트 위에 꺼내어 놓으며 교구 내용물의 이름을 알려준다.
3. 비닐매트 위에 신문지를 펴고, 물을 갈아주어야 할 꽃병을 가져온다.
4. 꽃을 빼서 신문지 위에 놓는다.
5. 작은 쟁반 위에 꽃병과 솔을 가지고 싱크대로 간다.
6. 꽃병의 물을 싱크대에 버리고, 새 물을 받아 솔로 꽃병 안을 닦는다.

7. 꽃병과 솔을 헹구어 쟁반에 담아서 비닐 매트 위로 가져온다.
8. 병을 신문지 위에 올려놓는다.
9. 표시된 만큼 피처에 물을 담아온다.
10. 꽃병에 깔때기를 꽂고, 병안을 보면서 물의 양을 조절하며 피처의 물을 꽃병에 붓는다.
11. 꽃의 누런 떡잎을 정리한다.
12. 꽃병 밖에서 꽃을 대어보며 줄기의 끝을 자른 후, 꽃병에 꽂는다.
13. 꽃병을 제자리에 갖다 놓는다.
14. 신문지를 반으로 접어서 쓰레기통에 버린다.

15. 비닐 매트와 쟁반 위에 물기가 있는지 살피고 스펀지로 닦아준다.
16. 스펀지는 싱크대에 가서 다른 친구를 위해 빨아 놓는다.
17. 교구와 비닐 매트를 정리한다.

흥미점

1. 솔을 이용하여 꽃병을 닦아보는 것
2. 꽃의 물을 갈아주는 것
3. 누런 떡잎을 떼는 것
4. 꽃의 길이를 자르기 위해 측정하는 것

잘못의 정정

1. 병 밖으로 물이 넘치는 것
2. 꽃을 너무 짧게 자르는 것
3. 시들은 가지와 꽃이 남아 있을 경우

직접목적

1. 질서감의 발달
2. 눈과 손의 협응력 발달
3. 집중력의 발달
4. 독립심의 발달

간접목적

1. 꽃물 갈아주는 방법을 안다.
2. 일상 생활 적응 및 훈련을 한다.

언 어

• 피처, 스펀지, 꽃가위, 병 닦는 솔, 쟁반, 신문지, 깔때기, 비닐 매트

연 령

• 4세 이상

특기사항

• 물 속에서 꽃 자르기를 할 경우에는 볼을 하나 더 준비한다.

꽃과 나무에 물주기

식물/화초 가꾸기

교 구

- 피처, 물조리개, '물 주세요' 표(tag), 표를 꽂는 통, 스펀지, 쟁반, 비닐 매트

준비단계

1. 옮겨 붓기를 해본 어린이
2. 물을 줄 나무에 표를 꽂아 놓는다.
3. 교구가 준비되었는지를 확인한다.
4. 어린이를 초대하여 교구의 이름을 소개한다.

시 범

1. '물주세요' 의 표가 꽂힌 화분을 발견한다.
2. 교구를 가지고 와서 표가 꽂힌 화분 옆에 놓고 교구 내용물의 이름을 알려 준다.
3. 비닐매트를 펴고, 피처를 싱크대로 가지고 가서 정해진 양만큼 물을 담아온다.
4. 물조리개에 피처의 물을 붓는다.
5. 화분에 꽂혀 있는 '물주세요' 표를 뽑아 스펀지로 닦아서 통에 넣는다.
6. 물조리개에 있는 물을 화분에 준다.
7. 화분 주변에 물이 떨어졌나 살펴보고 스펀지로 닦는다.
8. 스펀지를 싱크대에 가서 빨아 온다.
9. 교구를 정리한다.

흥미점

1. 물조리개를 사용하는 것
2. '물주세요' 표를 발견하는 것
3. 화분에 물을 주는 것
4. 표에 묻은 흙을 닦아내는 것

잘못의 정정

1. 화분 밖으로 물이 흐르는 경우
2. 물을 주고 표를 뽑지 않았을 경우

직접목적

1. 질서감의 발달
2. 눈과 손의 협응력 발달
3. 집중력의 발달
4. 독립심의 발달

간접목적

1. 화분에 물주는 방법을 안다.
2. 일상 생활 적응 및 훈련을 한다.

언 어

- 물조리개, '물주세요' 표, 스펀지, 쟁반, 화분, 통, 피처, 비닐 매트, 쟁반

연 령

- 3세 이상

특기사항

- 교실의 화분 중 제일 작은 화분의 크기를 기준으로 하여 피처에 물의 양을 표시해 놓는다.

나뭇잎 닦아주기

식물/화초 가꾸기

교 구

• 화분, 피처, 작은 그릇, 스펀지, 작은 수건, 비닐 매트, 쟁반

준비단계

1. 꽃 물주기를 해본 어린이
2. 교구가 준비 되었는지 확인한다.
3. 어린이를 초대하여 교구의 이름을 소개한다.

시 범

1. 나뭇잎 닦을 화분 가까이에 비닐 매트를 펴고 교구를 매트 위에 놓으며 교구 내용물의 이름을 알려준다.
2. 피처에 물을 받아와 작은 그릇에 붓는다.
3. 스펀지를 작은 그릇의 물에 적셔 짠다.
4. 한 손으로 잎의 뒷면을 받쳐든다.
5. 다른 손으로 잎의 앞면을 닦는다.
6. 다른 잎도 같은 방법으로 반복한다.
7. 스펀지는 빨아서 제자리에 놓는다.
8. 작은 수건으로 4, 5번과 같은 방법으로 잎의 물기를 닦는다.
9. 작은 수건은 빨래통에 갖다 놓고, 준비대에서 새 수건으로 바꿔준다.
10. 작은 그릇의 물을 싱크대에 가져다 버리고, 스펀지로 물기를 닦는다.

11. 매트 위에 물기가 있는지 살피며 스펀지로 닦는다.
12. 교구와 비닐 매트를 정리한다.

흥미점

1. 스펀지를 물에 담그는 것
2. 스펀지에 묻어나는 먼지
3. 깨끗해진 잎을 보는 것

잘못의 정정

1. 나뭇잎에 먼지가 남아 있는 경우
2. 나뭇잎에 물기가 남아 있는 경우

직접목적

1. 질서감의 발달
2. 눈과 손의 협응력 발달
3. 집중력의 발달
4. 독립심의 발달

간접목적

1. 식물 가꾸는 방법을 안다.
2. 일상 생활 적응 및 훈련을 한다.

언 어

- 나뭇잎 닦아 주기, 화분, 피처, 작은 그릇, 스펀지, 작은 수건, 비닐 매트, 쟁반

연 령

- 3세 이상

빵 썰기 ······ 음식 준비하기

교 구

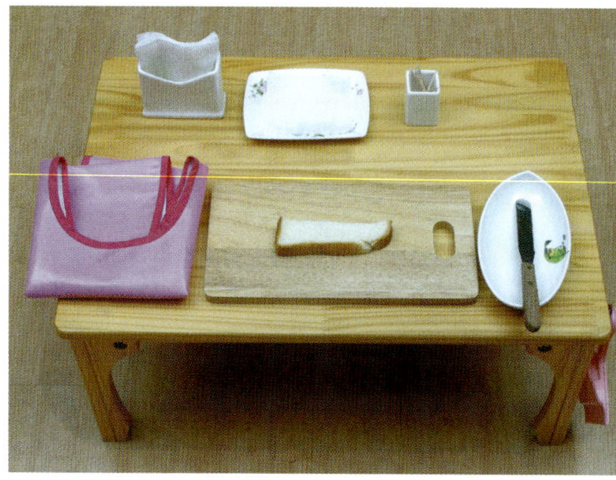

- 냅킨, 냅킨꽂이, 작은 접시, 이쑤시개, 앞치마, 도마, 칼, 칼을 놓는 작은 접시, 작은 빗자루(쓰레받기가 함께 달린 것)
- 준비대 : 식빵이 담겨진 뚜껑 있는 그릇, 집게

준비단계

1. 책상 위 쓸기를 해본 어린이
2. 위험한 물건 다루기를 경험한 어린이
3. 교구가 준비되어 있는지 확인한다.
4. 어린이를 초대하여 교구의 이름을 소개한다.

시 범

1. 교구가 준비되어 있는 곳으로 가서 교구 내용물의 이름을 알려준다.
2. 앞치마를 입고 싱크대에서 손을 씻고 온다.
3. 냅킨을 접시 위에 편다.
4. 준비대에 가서 정해진 양만큼 빵을 집게로 집어 접시에 담아온다.
5. 빵을 도마 위에 올려놓는다.
6. 한 손으로 빵을 잡고 자른다.
7. 자른 빵을 접시에 담는다.
8. 6, 7번을 반복한다.
9. 칼을 제자리에 놓는다.
10. 이쑤시개를 빵에 꽂는다.
11. 빵 접시를 들고 친구들에게 대접한다.
12. 마지막 한 조각은 제자리에 와서 먹는다.
13. 친구에게 대접한 후 남은 이쑤시개를 휴지통에 버린다.
14. 냅킨으로 접시와 칼을 닦는다.
15. 도마 위의 부스러기를 냅킨으로 쓸어낸다.
16. 책상 위의 부스러기를 빗자루로 쓸어 담아 휴지통에 버린다.
17. 교구를 제자리에 정리한다.

흥미점

1. 냅킨을 접시 위에 펴는 것
2. 한 조각의 빵
3. 빵을 써는 것
4. 빵을 친구에게 대접하는 것

잘못의 정정

1. 빵이 썰어지지 않을 경우
2. 썰어 놓은 빵의 크기가 작아 부스러질 경우

직접목적

1. 질서감의 발달
2. 눈과 손의 협응력 발달
3. 집중력의 발달
4. 독립심의 발달

간접목적

1. 칼의 사용법을 안다.
2. 타인에게 대접하는 법을 배운다.
3. 일상 생활 적응 및 훈련을 한다.

언 어

- 빵 썰기, 냅킨, 작은 접시, 칼, 이쑤시개, 도마, 식빵, 집게, 빗자루, 냅킨꽂이, 작은 쟁반

연 령

- 3.5세 이상

변형 및 응용

1. 여러 종류의 빵 썰기
2. 잼 바른 롤빵 만들기

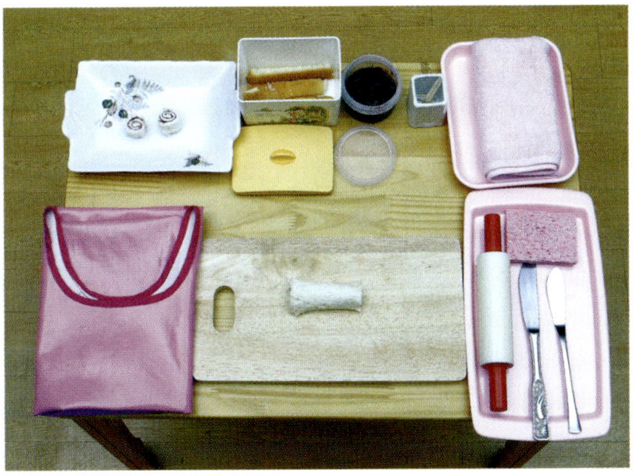
잼 바른 롤빵 만들기

특기사항

1. 준비된 빵이 마르지 않도록 뚜껑을 닫아 보관한다.
2. 신선한 빵을 준비해 둔다.
3. 도마는 항상 깨끗하게 유지할 수 있도록 점검한다.
4. 어린 유아는 칼등에 색테이프를 붙여준다.

껍질 벗기고 썰기

음식 준비하기

교 구

- 피처, 작은 그릇 2개, 체, 종이, 작은 타월, 당근, 접시, 이쑤시개, 스펀지, 앞치마, 도마, 집게, 껍질 벗기는 칼, 솔, 칼, 양동이, 책상

준비단계

1. 빵 썰기를 해본 어린이
2. 교구가 준비되었나 확인한다.
3. 어린이를 초대하여 교구의 이름을 소개한다.

시 범

1. 교구가 준비되어 있는 곳으로 가서 교구 내용물의 이름을 알려준다.
2. 앞치마를 입고 소매를 걷는다.
3. 손을 씻는다.
4. 피처에 정해진 양만큼의 물을 떠온 후 왼쪽 그릇에 붓는다.
5. 피처 입구를 스펀지로 닦는다.
6. 한 번 더 피처에 물을 떠온 후 체가 걸쳐져 있는 오른쪽 그릇에 붓는다.
7. 종이를 도마 왼쪽에 편다.
8. 당근이 담겨 있는 그릇의 뚜껑을 열고 당근을 1개 꺼낸다.
9. 왼쪽 그릇에 당근을 놓고 솔로 씻는다.
10. 씻은 당근을 종이 위에 올려놓는다.
11. 한 손으로 당근을 고정되게 잡고 껍질을 벗긴다.
12. 당근을 도마 위에 올려놓고 칼로 양쪽 끝을 잘라버린다.
13. 종이를 접어서 쓰레기통에 버린다.
14. 한 손으로는 당근을 잡고 칼로 썬다.
15. 자른 당근을 체가 걸쳐져 있는 오른쪽 그릇에 한 개씩 담는다.
16. 한 손으로는 체를 잡고 집게로 당근 한 조각씩 씻어 접시에 담는다.
17. 당근에 이쑤시개를 꽂아 친구들에게 대접한 후 사용한 이쑤시개는 쓰레기통에 버린다.
18. 양동이에 왼쪽 그릇의 물을 버리고 스펀지로 물기를 닦는다.
19. 체를 왼쪽 그릇에 걸쳐 놓고 오른쪽 그릇의 물을 양동이에 버린다.
20. 체를 다시 오른쪽 그릇에 옮겨 놓는다.
21. 양동이의 물을 싱크대에 버리고 헹군 후, 깨끗한 물을 떠온다.
22. 칼부터 양동이 속에 넣고, 스펀지로 씻는다(칼, 집게, 껍질 벗기는 칼, 솔 순으로).
23. 도구를 제자리에 정돈한다.
24. 접시를 닦는다.

25. 오른쪽 그릇에 있는 체를 왼쪽 그릇에 걸쳐 놓고 오른쪽 그릇를 스펀지로 닦는다.
26. 체를 오른쪽 그릇에 옮겨 놓는다.
27. 스펀지로 도마를 닦고, 왼쪽 그릇을 마지막으로 닦는다.
28. 책상 위의 물기를 닦고, 스펀지와 그릇을 정리한다.
29. 양동이의 물을 싱크대에 버리고 스펀지로 물기를 닦은 후, 작은 타월로 손을 닦는다.
30. 앞치마를 벗어 정리한다.

흥미점

1. 껍질을 벗기는 것
2. 당근을 하나씩 썰어 체 위에 놓는 것
3. 당근을 칼로 자르는 것
4. 당근을 집게로 집어서 씻는 것
5. 친구에게 대접하는 것

잘못의 정정

1. 껍질이 깎이지 않을 경우
2. 흙이 표면에 남아 있는 경우

직접목적

1. 질서감의 발달
2. 눈과 손의 협응력 발달
3. 집중력의 발달
4. 독립심의 발달

간접목적

1. 껍질 벗기기와 써는 방법을 안다.
2. 요리 활동에 대한 흥미를 가진다.
3. 일상 생활 적응 및 훈련을 한다.

언 어

- 껍질 벗기고 썰기, 피처, 작은 그릇, 체, 종이, 작은 타월, 당근, 접시, 이쑤시개, 스펀지, 앞치마, 도마, 집게, 껍질 벗기는 칼, 솔, 칼, 양동이, 책상

연 령

- 4세 이상

변형 및 응용

1. 모양과 도구를 사용해서 당근 썰기
2. 사과 깎기
3. 샐러드 만들기
4. 오이 썰기
5. 바나나 썰기

특기사항

1. 칼날과 칼등을 표시해 주는 것이 좋다.
2. 계절에 맞는 채소로 바꾸어 주는 것이 좋다.

바나나 썰기 (요리하기)

음식 준비하기

교 구

• 과자, 막자사발, 막자, 작은 그릇, 바나나가 담겨진 바구니, 작은 타월, 이쑤시개, 접시, 껍질 담는 통, 앞치마, 도마, 칼, 스펀지, 긴 솔, 양동이, 책상

준비단계

1. 빵 썰기를 해본 어린이
2. 돌리기 작업을 해본 어린이
3. 교구가 준비되었나 확인한다.
4. 어린이를 초대하여 교구의 이름을 소개한다.

시 범

1. 교구가 준비되어 있는 책상으로 가서 교구 내용물의 이름을 알려준다.
2. 앞치마를 입고 손을 씻는다.
3. 준비대에 가서 작은 접시에 과자를 담아온다.
4. 막자사발에 과자를 넣고 막자를 돌려 가루로 만든다.
5. 숟가락으로 사발 안의 과자가루를 떠서 작은 그릇에 담는다.
6. 솔로 사발에 남은 과자가루를 모두 털어 작은 그릇에 담는다.
7. 바나나 껍질을 벗겨 껍질을 껍질 담는 통에 버린다.
8. 바나나를 도마 위에 놓는다.
9. 한 손으로 바나나를 잡고, 칼로 썬다.
10. 바나나에 이쑤시개를 꽂는다.
11. 이쑤시개를 꽂은 바나나에 과자가루를 묻혀 접시에 담는다.
12. 친구에게 대접한다.
13. 숟가락으로 남은 과자가루를 먹는다.
14. 바나나 껍질은 분리 수거 통에 버리고, 대접한 후 남은 이쑤시개를 쓰레기통에 버린다.
15. 양동이를 들고 씽크대로 가서 물을 받아온다.
16. 스펀지를 빨아서 쟁반에 있는 도구들을 닦는다(과자 담은 접시, 볼, 막자사발, 도마, 껍질 버리는 통).
17. 책상 위 가루를 닦고 스펀지를 빨아서 제자리에 정리한다.
18. 작은 타월로 손의 물기를 닦는다.
19. 씽크대에 가서 양동이의 물을 버리고 스펀지로 물기를 닦는다.
20. 앞치마를 벗어서 정리한다.

흥미점

1. 과자를 가는 것
2. 과자가루를 바나나에 묻히는 것
3. 숟가락으로 남은 과자가루를 먹는 것
4. 바나나를 써는 것

잘못의 정정

1. 과자가 가루로 갈아지지 않은 경우
2. 칼을 잘못 사용하여 바나나가 잘려지지 않은 경우
3. 과자가루가 바나나에서 흘러내릴 경우

직접목적

1. 질서감의 발달
2. 눈과 손의 협응력 발달
3. 집중력의 발달
4. 독립심의 발달

간접목적

1. 과자 가는 방법을 안다.
2. 바나나 써는 방법을 안다.
3. 일상 생활 적응 및 훈련을 한다.

언 어

• 바나나 썰기, 접시, 막자사발, 막자, 칼, 쓰레기통, 그릇, 도마, 바구니, 이쑤시개, 과자, 숟가락, 스펀지, 바구니

연 령

• 4세 이상

변형 및 응용

1. 계절에 따른 재료를 사용하여 요리하기
2. 계란을 이용한 요리(오드볼)

특기사항

• 도마와 도구들이 항상 깨끗하게 유지될 수 있도록 점검한다.

계란을 이용한 요리

상차리기

음식 준비하기

교 구

• 바구니, 컵, 스푼, 포크, 나이프, 접시, 식탁용 매트

준비단계

1. 눈과 손의 협응이 잘 이루어지는 어린이
2. 일대일 대응의 교구를 해본 어린이
3. 교구가 준비되었는지 확인한다.
4. 어린이를 초대하여 교구의 이름을 소개한다.

시 범

1. 그림자가 그려진 매트를 책상 위에 깐다.
2. 교구 내용물의 이름을 알려준다.
3. 그림자 위에 실물을 올려놓는다.
4. 다 차린 뒤 차례로 바구니에 담는다.

흥미점

1. 상을 차리는 것
2. 모양 위에 실물을 올려놓는 것
3. 완성된 상차림

잘못의 정정

그림에 맞지 않게 실물이 놓여졌을 때

직접목적

1. 질서감의 발달
2. 눈과 손의 협응력 발달
3. 집중력의 발달
4. 독립심의 발달

간접목적

1. 상 차리는 방법을 안다.
2. 간단한 식탁 예절을 익힌다.

언　어

• 상차리기, 바구니, 컵, 스푼, 포크, 나이프, 접시, 식탁용 매트

연　령

• 3세 이상

변형 및 응용

1. 한식상 차리기(3첩 반상, 5첩 반상, 7첩 반상 등)
2. 그릇에 고기나 주스 등 음식 그림을 담는다.
3. 양식에는 샐러드용 포크, 고기용 나이프나 생선용 나이프, 디저트용 스푼 등 발전된 단계의 식탁 차리기를 해본다.

3첩 한식상 차리기

특기사항

• 처음에는 매트에 그림이 그려진 것으로 연습하다가 점차 그림이 없는 매트를 사용한다.

먹이 주기

동물 기르기

교 구

- 새와 새장, 모이그릇, 물그릇, 숟가락, 작은 수건, 작은 쟁반, 신문지

준비단계

1. 어린이의 준비도를 고려해 본다.
2. 교구가 준비되었는지 확인한다.
3. 어린이를 초대하여 교구의 이름을 소개한다.

시 범

1. 새장 옆으로 가서 교구 내용물의 이름을 알려준다.
2. 새장 안의 모이그릇과 물그릇을 살펴본다.
3. 새장의 문을 열고 모이그릇과 물그릇을 꺼내어 작은 쟁반 위에 놓는다.
4. 모이그릇의 찌꺼기와 물그릇의 물을 버리고 씻어서 작은 수건으로 물기를 닦는다.
5. 모이그릇의 표시 양만큼 숟가락으로 모이를 담고 물그릇에는 물을 담는다.
6. 새장 안에 조심스럽게 넣는다.
7. 서랍을 빼서 배설물이 있는 신문지를 접어서 쓰레기통에 버린다.
8. 서랍에 깨끗한 신문지를 깔아서 제자리에 놓는다.

흥미점

1. 새와 새장을 보는 것
2. 새집 안에 손을 넣는 것
3. 새집 안의 모이그릇들을 꺼내는 것
4. 새모이를 바꿔주는 것

잘못의 정정

1. 새가 밖으로 날아가는 것
2. 먹이를 갈아주지 않았을 경우

직접목적

1. 질서감의 발달
2. 눈과 손의 협응력 발달
3. 집중력의 발달
4. 독립심의 발달

간접목적

1. 새를 보살필 수 있다.
2. 동물을 사랑할 줄 안다.

언 어

- 새, 새장, 모이그릇, 물그릇, 모이, 숟가락

연 령

- 4.5세 이상

변형 및 응용

- 다른 동물들의 먹이 주기

특기사항

- 새는 푸른 야채, 조개의 가루 등도 필요하므로 용기를 준비해서 준다.

4. 소근육 발달

마른 물체 옮겨 붓기
한 그릇에서 한 그릇으로
한 그릇에서 두 그릇으로
깔때기를 사용하여 옮겨 붓기

물 옮겨 붓기
한 그릇에서 한 그릇으로
한 그릇에서 두 그릇으로
깔때기를 사용하여 물 옮겨 붓기
치수 있는 피처로 옮겨 붓기

짜　기
잡기/쥐기
거품 만들기
가위 사용하기
집게 사용하기
물 짜기
빨래집게 사용하기
큰 스포이드 사용하기

돌리기
숟가락 사용하기
나사 빼기와 나사 끼우기
자물쇠와 열쇠
병뚜껑 열고 닫기
거품내기

바느질
바느질하기
단추 달기

한 그릇에서 한 그릇으로

마른 물체 옮겨 붓기

교 구

• 컵 2개, 한 컵 내용물의 분량 : 2/3 정도의 콩, 쟁반

준비단계

1. 쟁반 나르기를 해본 어린이
2. 교구가 준비되었는지 확인해 본다.
3. 어린이를 초대하여 교구의 이름을 소개한다.

시 범

1. 교구를 책상으로 가져온다.
2. 콩이 들어있는 용기가 왼쪽에오도록 놓는다.
3. 교사가 사용하지 않는 손 옆에 어린이를 앉게 하고 교구 내용물의 이름을 알려준다.
4. 한 손으로 콩이 들어있는 왼쪽의 컵을 다섯손가락을 모두 사용하여 잡는다.
5. 다른 손바닥으로 컵의 밑부분을 받치고 오른쪽 컵의 중앙을 향하여 콩을 따른다.
6. 흘린 콩이 있으면 한 개씩 집어 오른쪽 컵 안에 놓는다.
7. 한 손으로 오른쪽 컵을 잡아 들어올린 후, 왼쪽 컵의 중앙을 향하여 옮겨 붓는다.
8. 교구를 정리한다.

흥미점

1. 교구의 모양 : 컵, 콩
2. 컵을 다섯손가락을 이용해 잡는 것
3. 콩이 떨어지는 소리를 듣는 것
4. 밖으로 떨어진 콩을 찾는 것

잘못의 정정

1. 콩이 밖으로 떨어질 경우
2. 교구를 떨어뜨리거나 깨어질 경우

직접목적

1. 질서감의 발달
2. 손과 눈의 협응력 발달
3. 집중력의 발달
4. 독립심의 발달

간접목적

1. 붓는 방법을 안다.
2. 일상 생활 적응 및 훈련을 한다.

언 어

• 콩, 컵, 쟁반, 매트

연 령

• 2세 이상

변형 및 응용

1. 컵의 모양과 내용물을 다양하게 준비한다.
2. 하나는 꼭지가 있고, 다른 하나는 꼭지나 손잡이가 없는 컵을 준비한다.
3. 양쪽 컵 모두 꼭지, 손잡이가 있는 것으로 준비한다.

특기사항

1. 책상 위에서 하면 더 좋다.
2. 아주 작은 곡식일 경우, 작은 빗자루를 준비해 둔다.

한 그릇에서 두 그릇으로

마른 물체 옮겨 붓기

교 구

- 쟁반, 큰 피처, 주둥이가 있는 작은 피처 2개, 입자가 굵은 색모래

준비단계

1. 한 그릇에서 한 그릇으로 옮겨 붓기를 해본 어린이
2. 교구가 준비되었나 확인해 본다.
3. 어린이를 초대하여 교구의 이름을 소개한다.

시 범

1. 교구를 책상으로 가져온다.
2. 색모래가 들어 있는 컵이 왼쪽으로 오게 놓는다.
3. 교사가 사용하지 않는 손 옆에 어린이를 앉게 하고 교구 내용물의 이름을 알려준다.
4. 한 손으로 왼쪽 피처의 손잡이를 오른쪽으로 돌려 들고, 다른 손 손바닥으로 피처의 밑부분을 받쳐든다.
5. 오른쪽 위에 있는 첫번째 작은 그릇에 7부 정도를 천천히 붓는다.
6. 아래쪽에 있는 두번째 작은 그릇에 7부 정도를 천천히 붓는다.
7. 남아 있는 색모래는 양이 알맞도록 나누어 붓는다.
8. 피처를 제자리에 놓는다.
9. 첫번째 작은 피처를 한 손으로 들고 다른 손바닥으로 밑부분을 받친 후, 큰 피처에 붓는다.
10. 두번째 작은 피처도 같은 방법으로 옮겨 붓는다.
11. 떨어진 내용물이 있으면 하나씩 큰 피처에 주워 담는다.
12. 손잡이를 바로 놓는다.
13. 교구를 정리한다.

흥미점

1. 작고 예쁜 피처
2. 그릇에 떨어지는 내용물의 소리
3. 나누어 옮겨 붓는 것
4. 흘리지 않게 따르는 것

잘못의 정정
1. 작은 피처의 양이 똑같지 않을 때
2. 쟁반에 내용물을 흘릴 때
3. 피처와 부딪쳐 소리가 날 때

직접목적
1. 질서감의 발달
2. 눈과 손의 협응력 발달
3. 집중력의 발달
4. 독립심의 발달

간접목적
1. 나누어 붓는 방법을 익힌다.
2. 정한 양을 조절할 수 있다.
3. 일상 생활 적응 및 훈련을 한다.

언 어
• 피처, 작은 피처, 색모래, 쟁반

연 령
• 3세 이상

변형 및 응용
1. 한 그릇에서 세 그릇으로 옮겨 붓기
2. 한 그릇에서 여러 가지 크기의 그릇으로 옮겨 붓기
3. 치수 있는 피처로 옮겨 붓기

특기사항
• 내용물은 나누는 그릇의 9부 정도 되도록 준비한다.

한 그릇에서 세 그릇으로 옮겨 붓기

한 그릇에서 여러 가지 크기의 그릇으로 옮겨 붓기

치수 있는 피처로 옮겨 붓기

깔때기를 사용하여 옮겨 붓기 마른 물체 옮겨 붓기

교 구

- 피처, 깔때기, 입구가 좁은 투명한 그릇, 깔때기를 통과할 수 있는 물체, 쟁반

준비단계

1. 한 그릇에서 여러 그릇으로 옮겨 붓기를 해본 어린이
2. 교구가 준비되었나 확인한다.
3. 어린이를 초대하여 교구의 이름을 소개한다

시 범

1. 교구를 가지고 온다.
2. 내용물이 들어있는 용기가 왼쪽으로 오도록 한다.
3. 교사가 사용하지 않는 손 옆에 어린이를 앉게 하고 교구 내용물의 이름을 알려준다.
4. 한 손으로 깔때기를 잡아 입구가 좁은 그릇에 넣는다.
5. 한 손으로 피처의 손잡이를 잡고, 한 손바닥으로 피처의 밑부분을 받쳐든다.
6. 피처의 입구가 깔때기의 중앙에 오도록 하고 천천히 내용물을 따른다.
7. 내용물이 깔때기에서 모두 떨어지면 깔때기를 제자리에 놓는다.
8. 입구가 좁은 그릇의 내용물을 피처에 옮겨 붓는다.
9. 교구를 정리한다.

흥미점
1. 깔때기를 사용해 보는 것
2. 내용물이 깔때기를 통과하는 것을 보는 것

잘못의 정정
1. 내용물을 쏟는 것
2. 내용물을 너무 빨리 부어 깔때기가 막히는 경우

직접목적
1. 질서감의 발달
2. 눈과 손의 협응력 발달
3. 집중력의 발달
4. 독립심의 발달

간접목적
1. 깔때기의 사용법을 안다.
2. 일상 생활 적응 및 훈련을 한다.

언 어
- 깔때기, 피처, 입이 좁은 그릇, 쟁반

연 령
- 3세 이상

변형 및 응용
- 모양과 크기가 다양한 깔때기와 병 사용하기

특기사항
- 깔때기의 구멍 크기에 맞춰 내용물을 준비한다.

한 그릇에서 한 그릇으로

물 옮겨 붓기

교 구

• 비닐 매트, 꼭지와 손잡이가 없는 유리컵 2개, 스펀지, 색물, 쟁반

준비단계

1. 마른 물체 옮겨 붓기를 해본 어린이
2. 교구가 준비되었는지 확인한다.
3. 어린이를 초대하여 교구의 이름을 소개한다.

시 범

1. 책상에 비닐 매트를 편다.
2. 교구장에서 교구를 가져온다.
3. 교구 내용물의 이름을 알려준다.
4. 한 손으로 왼쪽에 있는 컵을 잡고 다른 손으로는 컵의 밑부분을 받친다.
5. 오른쪽에 있는 컵의 중앙을 향하여 물을 천천히 붓는다.
6. 스펀지로 물을 부었던 컵의 입구를 닦고 내려 놓는다.
7. 오른쪽 컵의 색물을 같은 방법으로 다시 옮겨 붓는다.
8. 한 손으로 스펀지를 들고 쟁반에 물을 흘렸는지 살핀 다음 닦는다.
9. 교구와 비닐 매트를 정리한다.

흥미점

1. 물의 색을 보는 것
2. 물을 따를 때 나는 소리
3. 스펀지로 컵의 입구를 닦는 것

잘못의 정정

• 물을 흘리는 것

직접목적

1. 질서감의 발달
2. 눈과 손의 협응력 발달
3. 집중력의 발달
4. 독립심의 발달

간접목적

1. 물 따르는 방법을 안다.
2. 일상 생활 적응 및 훈련을 한다.

언 어

• 쟁반, 컵, 스펀지, 색물

연 령

• 2.5세 이상

변형 및 응용

1. 하나는 꼭지가 있고, 다른 하나는 꼭지, 손잡이 없는 컵을 준비한다.
2. 양쪽 컵 모두 꼭지, 손잡이가 있는 것을 준비한다.
3. 주스컵 속에 주스 옮겨 붓기

특기사항

1. 색물을 자주 바꾸어 준다.
2. 컵의 크기를 점점 작은 것으로 바꿔 주어도 좋다.

하나는 꼭지가 있고, 다른 하나는 꼭지, 손잡이 없는 컵

양쪽 컵 모두 꼭지, 손잡이가 있는 것

주스컵 속에 주스 옮겨 붓기

한 그릇에서 두 그릇으로

물 옮겨 붓기

교 구

- 비닐 매트, 쟁반, 큰 피처, 투명한 작은 피처 2개, 스펀지, 색물

준비단계

1. 한 그릇에서 한 그릇으로 색물 옮겨 붓기를 해본 어린이
2. 교구가 준비되었는지 확인해 본다.
3. 어린이를 초대하여 교구의 이름을 소개한다.

시 범

1. 비닐 매트를 책상에 편다.
2. 교구 쟁반을 들고 책상으로 가져온다.
3. 색물이 담겨 있는 피처가 왼쪽에 오도록 놓는다.
4. 교사가 사용하지 않는 손 옆에 어린이를 앉게 하고 교구 내용물의 이름을 알려준다.
5. 한 손으로 색물이 담겨있는 피처를 잡고, 다른 손으로는 피처의 밑부분을 받쳐든다.
6. 첫번째에 있는 작은 피처의 중앙을 향해 색물을 따른다.
7. 두번째의 작은 피처도 같은 방법으로 색물을 따른다.
8. 피처를 든 채로 스펀지로 물을 따른 입구를 살짝 닦는다.
9. 두 피처에 들어 있는 색물의 양을 비교한다.
10. 양 컵을 번갈아 가며 색물을 조금씩 부어 두 작은 피처의 색물이 똑같도록 붓는다.
11. 피처의 입구를 스펀지로 닦는다.
12. 첫번째에 있는 작은 피처의 물을 큰 피처에 붓는다.
13. 두번째의 작은 피처도 같은 방법으로 큰 피처에 붓는다.
14. 컵의 물을 피처에 다 부은 후 쟁반에 흘린 물이 있는지 살핀 다음 닦아낸다.
15. 교구와 비닐 매트를 정리한다.

흥미점

1. 작고 예쁜 피처
2. 피처에 물을 따를 때 나는 소리를 듣는 것

3. 두 피처에 색물을 나누는 것
4. 흘리지 않게 따르는 것
5. 두 피처에 똑같이 들어있는 색물을 보는 것
6. 흘린 물이 있는지 쟁반을 살피는 것

잘못의 정정

1. 쟁반에 물을 흘릴 때
2. 피처가 부딪치는 소리가 날 때
3. 두 피처에 든 물의 양이 틀릴 때

직접목적

1. 질서감의 발달
2. 눈과 손의 협응력 발달
3. 집중력의 발달
4. 독립심의 발달

간접목적

1. 나누어 따르는 방법을 안다.
2. 정확한 양을 조절할 수 있다.
3. 양을 비교할 줄 한다.
4. 일상 생활 적응 및 훈련을 한다.

언 어

- 피처, 색물, 쟁반, 옮겨 붓는다, 비교하다, 스펀지

연 령

- 3세 이상

변형 및 응용

1. 한 그릇에서 세 그릇으로 옮겨 붓기
2. 다양한 컵의 크기에 옮겨 붓기

한 그릇에서 세 그릇으로 옮겨 붓기

다양한 컵에 옮겨 붓기

깔때기 사용하여 물 옮겨 붓기

물 옮겨 붓기

교 구

• 깔때기, 피처, 작은 병, 색물, 스펀지, 비닐 매트, 쟁반

준비단계

1. 마른 물체 옮겨 붓기를 해본 어린이
2. 교구가 준비되었는지 확인한다.
3. 어린이를 초대하여 교구의 이름을 소개한다.

시 범

1. 비닐 매트를 편다.
2. 교구장에서 교구를 가져온다.
3. 색물이 들어있는 피처가 왼쪽으로 오도록 한다.
4. 교사가 사용하지 않는 손 옆에 어린이를 앉게 하고 교구 내용물의 이름을 알려준다.
5. 병 속에 깔때기를 넣고 한 손으로 컵을 잡고, 다른 손으로 컵의 아래 부분을 받쳐든다.
6. 피처의 색물을 깔때기 중앙을 향해 천천히 붓는다.
7. 스펀지로 피처 입구를 닦고 깔때기를 내려놓는다.
8. 병 속의 색물을 왼쪽에 있는 빈 피처에 다시 붓는다.
9. 스펀지로 병 입구를 닦는다.
10. 교구와 비닐 매트를 정리한다.

흥미점

1. 내용물을 깔때기로 붓는 것
2. 내용물을 부을 때 나는 소리를 듣는 것
3. 깔때기의 좁은 곳에서 내용물이 나오는 것을 보는 것

잘못의 정정

1. 깔때기 밖으로 색물이 떨어지는 것
2. 깔때기를 사용하지 않을 경우

직접목적

1. 질서감의 발달
2. 눈과 손의 협응력 발달
3. 집중력의 발달
4. 독립심의 발달

간접목적

1. 깔때기 사용법을 안다.
2. 일상 생활 적응 및 훈련을 한다.

언 어

- 깔때기, 피처, 쟁반, 스펀지, 작은 병

연 령

- 3세 이상

변형 및 응용

- 모양과 크기가 다양한 깔때기와 병 사용하기

치수 있는 피처로 옮겨 붓기

물 옮겨 붓기

교 구

- 계량 피처, 눈금 표시가 각각 다르게 되어 있는 작은 피처 3개, 스펀지, 색물, 비닐 매트, 쟁반

준비단계

1. 물 따르기를 해본 어린이
2. 교구가 준비되었는지 확인한다.
3. 어린이를 초대하여 교구의 이름을 소개한다.

시 범

1. 비닐 매트를 편다.
2. 교구를 가져온다.
3. 색물이 들어있는 계량 피처가 왼쪽에 오도록 놓는다.
4. 교사가 사용하지 않는 손 옆에 어린이를 앉게 하고 교구 내용물의 이름을 알려준다.
5. 한 손으로 피처를 들고 다른 손으로는 피처의 밑부분을 받쳐든다.
6. 위에 있는 작은 피처의 표시된 눈금을 가리킨다.
7. 작은 피처에 물을 따르고 피처의 입구를 스펀지로 닦는다.
8. 나머지도 같은 방법으로 한다.
9. 물이 담겨있는 세 개의 작은 피처 중 위쪽에 있는 피처부터 물을 따르고 피처의 입구를 스펀지로 닦는다.
10. 나머지 두 개의 작은 피처도 같은 방법으로 한다.
11. 한 손으로 스펀지를 들고 물을 흘렸는지 확인하며 흘린 물을 닦아낸다.
12. 교구와 비닐 매트를 정리한다.

흥미점

1. 눈금이 있는 곳까지 물을 따르는 것
2. 물을 따를 때 나는 소리
3. 서로 다른 양의 물이 담겨져 있는 피처들을 보는 것
4. 피처의 눈금이 그려져 있는 것

잘못의 정정
1. 물이 눈금보다 적거나 많을 때
2. 물을 흘리는 것

직접목적
1. 질서감의 발달
2. 눈과 손의 협응력 발달
3. 집중력의 발달
4. 독립심의 발달

간접목적
1. 치수만큼 따르는 방법을 안다.
2. 일상 생활 훈련 및 적응을 한다.

언 어
- 쟁반, 계량 피처, 스펀지, 색물, 작은 피처, 표시된 눈금

연 령
- 3세

변형 및 응용
1. 비커에 물 따르기
2. 시험관 사용하기

특기사항
1. 컵의 종류와 색물을 다양하게 바꾸어 준다.
2. 피처에 눈금을 표시하여 사용할 수 있다

잡기/쥐기

짜 기

교 구

• 그릇 2개, 콩(2/3 정도 담을 분량), 쟁반

준비단계

1. 몬테소리 이전 작업을 해본 어린이
2. 교구가 준비되었는지 확인한다.
3. 어린이를 초대하여 교구의 이름을 소개한다.

시 범

1. 매트를 편다.
2. 교구를 가져온다.
3. 교사가 사용하지 않는 손 옆에 어린이를 앉게 하고 교구 내용물의 이름을 말해 준다.
4. 한 손으로 콩을 쥐고 오른쪽에 있는 빈 그릇에 옮긴다.
5. 왼쪽에 있는 콩을 오른쪽으로 다 옮긴 후, 같은 방법으로 오른쪽에서 왼쪽으로 옮긴다.
6. 떨어진 내용물이 있으면 하나씩 주워 담는다.
7. 교구와 매트를 정리한다.

흥미점

1. 콩을 손으로 직접 옮기는 것
2. 콩을 옮길 때 나는 소리
3. 콩의 촉감

잘못의 정정

• 콩을 그릇 밖으로 떨어뜨릴 경우

직접목적

1. 질서감의 발달
2. 눈과 손의 협응력 발달
3. 집중력의 발달
4. 독립심의 발달

간접목적

1. 잡고, 쥐는 방법을 안다.
2. 일상 생활의 적응 및 훈련을 한다.

언 어

• 콩, 그릇, 쟁반

연 령

• 2세 이상

변형 및 응용

• 다양한 내용물 잡기, 쥐기(소라, 호두, 좁쌀, 대추 등)

물 짜기

짜 기

교 구

• 스펀지, 넓은 그릇 2개, 피처, 비닐 매트, 작은 타월, 쟁반

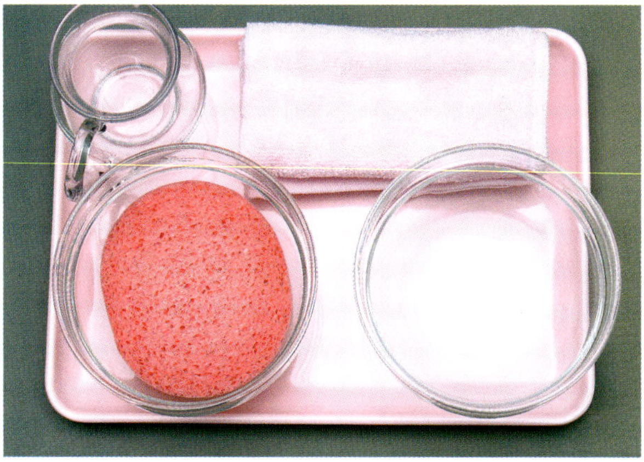

준비단계

1. 잡기, 쥐기를 경험한 어린이
2. 교구가 준비되었는지 확인한다.
3. 어린이를 초대하여 교구의 이름을 소개한다.

시 범

1. 비닐 매트를 편다.
2. 교구를 가져온다.
3. 교사가 사용하지 않는 손 옆에 어린이를 앉게 하고 교구 내용물의 이름을 알려준다.
4. 피처를 들고 싱크대에 가서 물을 받아온다.
5. 피처의 물을 왼쪽 빈 그릇에 부은 후 스펀지로 입구를 닦는다.
6. 왼쪽 그릇의 물 위에 스펀지를 놓고 두 손으로 천천히 눌렀다가 뗀다.
7. 물이 흡수된 스펀지를 오른쪽 빈 그릇으로 옮겨 두 손으로 움켜쥐면서 스펀지의 물을 짠다.
8. 왼쪽 그릇의 물이 없어질 때까지 같은 방법으로 반복한다.
9. 스펀지로 비닐 매트와 그릇에 남아 있는 물기를 닦는다.
10. 작은 타월로 손을 닦는다.
11. 오른쪽 그릇에 있는 물을 싱크대에 가서 붓고, 스펀지로 그릇의 물기를 닦는다.
12. 교구와 비닐 매트를 정리한다.

흥미점

1. 스펀지 물 짜기
2. 스펀지의 촉감, 부피
3. 물이 흡수된 스펀지를 옮기는 것
4. 물이 있던 그릇에서 물이 없어지는 것을 보는 것

잘못의 정정

1. 물을 그릇 밖으로 흘리는 것
2. 물기가 그릇에 남아 있는 것
3. 스펀지에 물이 남아 있는 것

직접목적

1. 질서감의 발달
2. 눈과 손의 협응력 발달
3. 집중력의 발달
4. 독립심의 발달

간접목적

1. 스펀지 짜는 방법을 안다.
2. 일상 생활 적응 및 훈련을 한다.

언 어

- 쟁반, 스펀지, 그릇, 피처, 물 짜기, 비닐 매트, 작은 타월

연 령

- 3세 이상

변형 및 응용

1. 빨래 짜기
2. 인형 옷 짜기
3. 손수건 짜기
4. 타월 짜기

한 그릇에서 물 짜기

특기사항

1. 어린이에 능력에 따라 작업 장소를 고정시킬 수 있다.
2. 어린 유아일 경우 한 그릇에서 물짜기 작업을 할 수 있게 준비해 준다.

거품 만들기

짜 기

교 구

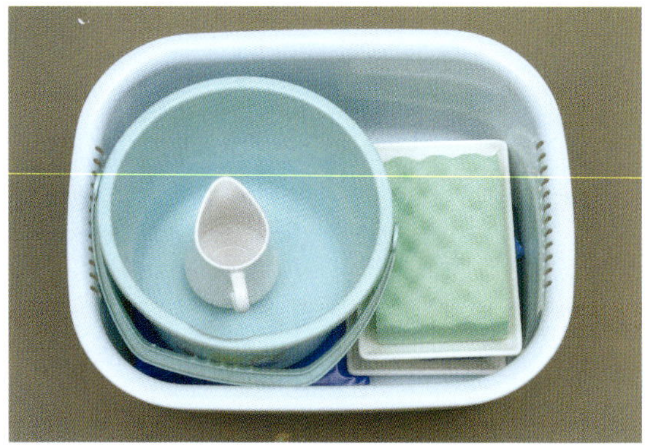

- 피처, 부드러운 큰 스펀지, 작은 스펀지, 작은 타월, 앞치마, 대야, 양동이, 비닐 매트
- 준비대 : 비누가루

준비단계

1. 스펀지 짜기를 해본 어린이
2. 교구가 준비되었는지를 확인한다.
3. 어린이를 초대하여 교구의 이름을 소개한다.

시 범

1. 비닐 매트를 편다.
2. 교구를 가져온다.
3. 왼쪽 상단부터 오른쪽으로 일의 순서에 맞춰 차례로 놓으며 교구 내용물의 이름을 알려준다.
4. 앞치마를 입고 소매를 걷는다.
5. 대야를 들고 준비대로 가서 비누를 한 숟가락 떠온다.
6. 피처에 정해진 양의 물을 떠와 대야에 붓는다.
7. 큰 스펀지를 작은 대야에 넣고 양손으로 스펀지를 주무르며 거품을 만든다.
8. 큰 스펀지의 거품을 짠 후 손을 작은 타월로 닦는다.
9. 양동이에 대야의 거품을 붓고 작은 스펀지로 대야 가장자리의 물기를 닦는다.
10. 양동이를 싱크대로 가져가 거품물을 버리고 흐르는 물로 헹군다.
11. 양동이의 1/3만큼 물을 받아온다.
12. 양동이에 작은 스펀지를 빨아가며 작은 대야를 닦는다.
13. 비닐 매트에 물이 흘렀는지 확인하여 작은 스펀지로 닦고 제자리에 놓는다.
14. 작은 타월로 손을 닦는다.
15. 양동이의 물을 싱크대에 가져다 버리고 흐르는 물로 헹군다.
16. 작은 스펀지로 양동이를 닦고 제자리에 놓는다.

17. 앞치마를 벗어서 정리한다.
18. 교구와 매트를 정리한다.

흥미점

1. 스펀지를 두 손으로 움켜쥐는 것
2. 거품이 만들어지는 것
3. 작은 수건으로 손가락의 거품을 닦는 것

잘못의 정정

1. 피처의 물이 넘칠 경우
2. 거품이 밖으로 튀어나올 경우
3. 대야와 양동이 안에 거품이 남아 있을 경우

직접목적

1. 질서감의 발달
2. 눈과 손의 협응력 발달
3. 집중력의 발달
4. 독립심 발달

간접목적

1. 거품을 만드는 방법을 안다.
2. 일상 생활 적응 및 훈련을 한다.

언 어

- 비닐 매트, 앞치마, 피처, 비누, 양동이, 대야, 큰 스펀지, 작은 스펀지, 작은 타월, 거품 만들기, 한 숟가락

연 령

- 3.5~4세 이상

변형 및 응용

1. 여러 가지 모양의 스펀지로 거품 만들기
2. 스펀지를 이용한 물 작업

특기사항

1. 가루비누가 떨어지지 않도록 항상 점검을 한다.
2. 물과 비누의 양을 정해준다.
3. 부드러운 큰 스펀지는 빨지 않는다.

빨래집게 사용하기

짜 기

교 구

• 빨래집게, 바구니, 매트

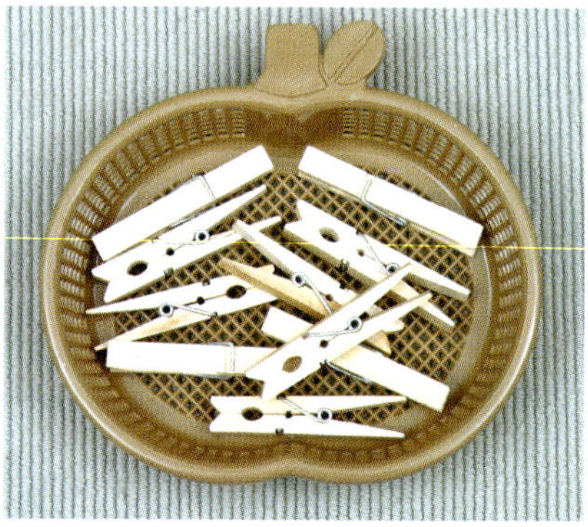

준비단계

1. 눈과 손의 협응력이 된 어린이
2. 교구가 준비되었는지 확인한다.
3. 어린이를 초대하여 교구의 이름을 소개한다.

시 범

1. 매트를 편다.
2. 교구를 가져온다.
3. 교구 내용물의 이름을 알려준다.
4. 빨래집게를 하나씩 꺼내어 매트 위에 나열한다.
5. 빨래집게를 엄지, 검지, 중지 세 손가락으로 잡고 눌러 바구니에 꽂는다.
6. 나머지 빨래집게도 위와 같은 방법으로 한다.
7. 빨래집게를 위와 같은 방법으로 빼서 바구니에 담는다.
8. 교구와 매트를 정리한다.

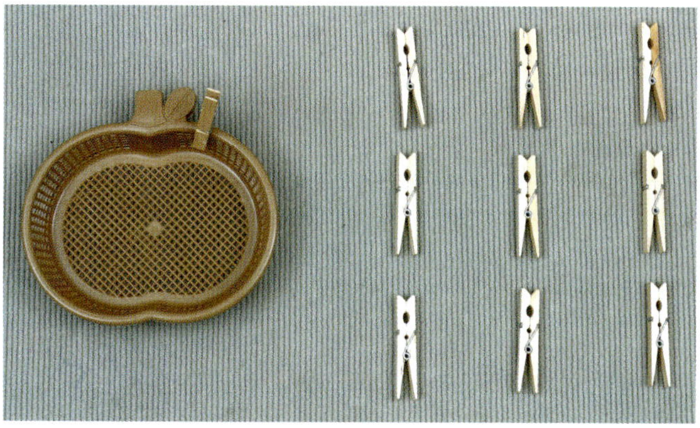

흥미점

1. 빨래집게
2. 빨래집게의 두 손잡이가 만날 때까지 누르는 것

잘못의 정정

1. 빨래집게의 두 손잡이가 만나지 않을 경우
2. 바구니에 빨래집게가 꽂혀지지 않을 경우

직접목적

1. 질서감의 발달
2. 눈과 손의 협응력 발달
3. 집중력의 발달
4. 독립심의 발달

간접목적

1. 빨래집게 사용법을 안다
2. 일상 생활 적응 및 훈련을 한다.

언 어

- 빨래집게, 매트, 바구니, 엄지, 검지, 중지, 손가락

연 령

- 2.5세 이상

변형 및 응용

1. 동물 모형에 빨래집게 꽂기
2. 빨래 모양에 빨래집게 꽂기

동물 모형에 빨래집게 꽂기

가위 사용하기

짜 기

교 구

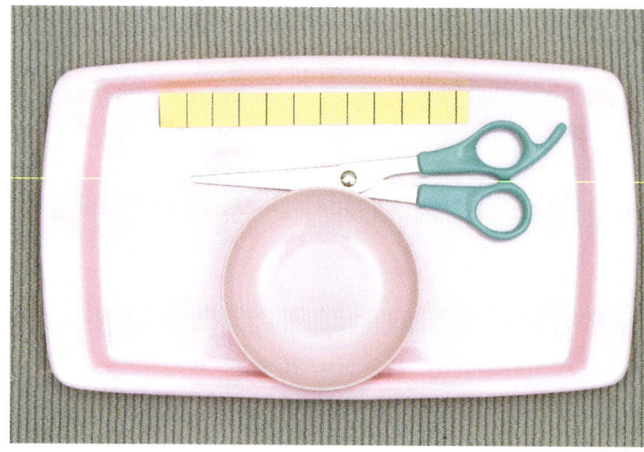

• 가위, 자를 색종이, 그릇, 쟁반
• 준비대 : 바구니

준비단계

1. 집게 사용하기를 경험한 어린이
2. 교구가 준비되었는지 확인한다.
3. 어린이를 초대하여 교구의 이름을 소개한다.

시 범

1. 교구를 가져온다.
2. 어린이는 교사가 사용하지 않는 손 옆에 앉게 하고 교구 내용물의 이름을 알려준다.
3. 엄지손가락을 가위의 작은 구멍에 넣고, 검지손가락은 가위 밑을 받쳐주면서 나머지 손가락은 큰 구멍에 넣어 가위 잡는 방법을 보여준다.
4. 한 손으로 종이를 잡고 가위를 열고, 대고, 닫으면서 종이를 그릇 안에 자른다.
5. 나머지를 위와 같은 방법으로 한다.
6. 그릇 안에 있는 자른 종이 조각들을 준비대에 있는 바구니에 붓는다.
7. 교구와 매트를 정리한다.

흥미점

1. 가위를 열고 닫는 것
2. 종이가 잘리는 것
3. 가위를 사용할 때마다 종이가 점점 작아지는 것을 보는 것

잘못의 정정

1. 가위가 잘 벌려지지 않을 때
2. 종이가 잘려지지 않을 때
3. 자른 종이가 흩어져 있을 때

직접목적

1. 질서감의 발달
2. 눈과 손의 협응력 발달
3. 집중력의 발달
4. 독립심의 발달

간접목적

1. 가위 사용을 할 줄 안다.
2. 일상 생활 적응 및 훈련을 한다.

언 어

• 가위, 종이, 바구니, 휴지통, 열고, 대고, 닫고

연 령

• 3세 이상

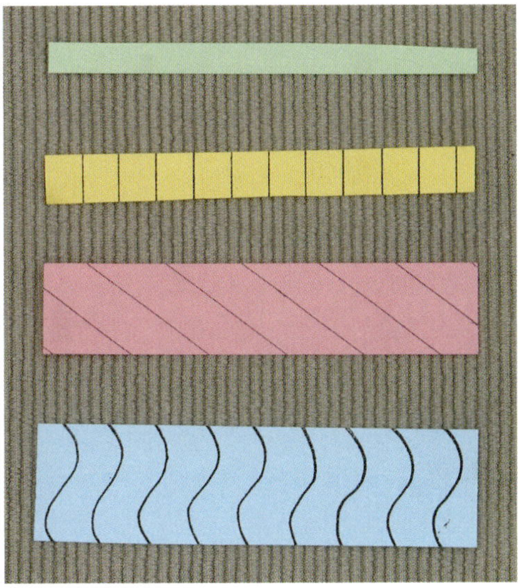
직선, 사선 오리기

변형 및 응용

1. 직선, 사선 오리기
2. 색종이나 신문지 등을 이용하여 원하는 것을 오리기
3. 모양 오리기

특기사항

1. 가위를 사용하기 전에 아무것이나 자르면 안된다는 것을 인식시켜야 한다.
2. 아이들 수준별로 자르는 난이도를 조절한다.
3. 어린 아이일 경우 1cm 미만의 선이 없는 색종이를 준비해 준다.
4. 바구니에 있는 자른 종이 조각들은 미술 시간에 활용한다.

큰 스포이드 사용하기 짜 기

교 구

• 투명 그릇, 색물, 작은 수건, 큰 스포이드, 쟁반, 비닐 매트

준비단계

1. 빨래집게 사용하기를 경험한 어린이
2. 교구가 준비되어 있는지 확인한다.
3. 어린이를 초대하여 교구를 소개한다.

시 범

1. 비닐 매트를 편다.
2. 교구장에서 교구를 가지고 온다.
3. 어린이를 교사가 사용하지 않는 손 옆에 앉게 하고 교구 내용물의 이름을 알려준다.
4. 스포이드의 고무 부위를 양손으로 눌렀다폈다 하는 것을 보여준다.
5. 양손으로 스포이드의 고무 부위를 누른 상태에서 병 속에 집어넣고 양손을 편다(색물이 스포이드 안으로 모두 빨려들어가게 된다).
6. 스포이드를 병 속에서 양손에 힘을 주어 누른다(스포이드의 물이 다 빠질 때까지 누른다).
7. 스포이드를 병 밖으로 꺼내어 스포이드에 묻은 물기를 작은 수건으로 닦는다.
8. 교구와 비닐 매트를 정리한다.

흥미점

1. 물이 스포이드 안에 한 번에 들어가는 것을 보는 것
2. 병에 물이 없어지는 것을 보는 것
3. 스포이드에 들어 있던 물이 다시 병으로 나오는 것
4. 스포이드를 누르고 펴는 것

잘못의 정정

1. 스포이드 안에 물이 들어가지 않을 때
2. 병 밖으로 물이 흘렀을 때
3. 스포이드를 병 속에 집어넣고 물방울 기포 소리가 날 때

직접목적

1. 질서감의 발달
2. 눈과 손의 협응력 발달
3. 집중력의 발달
4. 독립심의 발달

간접목적

1. 스포이드의 사용 방법을 안다.
2. 일상 생활 적응 및 훈련을 한다.

언 어

• 큰 스포이드 사용하기, 작은 수건, 색물, 쟁반, 투명 그릇, 비닐 매트

연 령

• 만 2.5세 이상

변형 및 응용

1. 크기가 다른 스포이드 사용하기
2. 빨판 위에 작은 스포이드로 물 떨어뜨리기

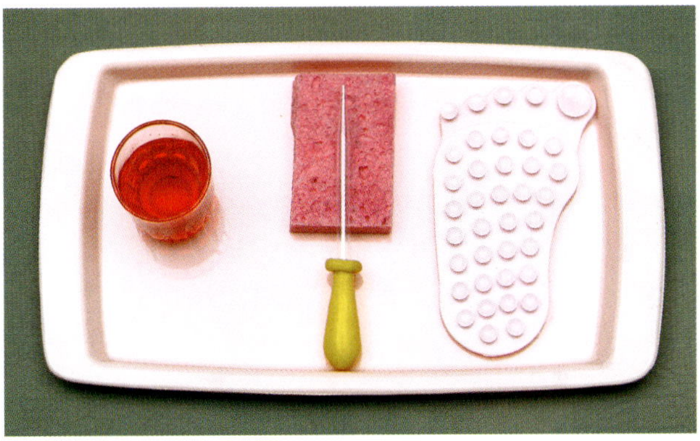

3. 스포이드로 물 옮기기

특기사항

• 어린 유아일 경우 고무 튜브를 '움켜잡았다 폈다'로 쉽게 제시할 수 있다.

집게 사용하기

짜 기

교 구

• 집게, 그릇 2개, 솜공, 쟁반, 매트

준비단계

1. 큰 스포이드 사용하기를 경험한 어린이
2. 교구가 준비되었는지 확인한다.
3. 어린이를 초대하여 교구를 소개한다.

시 범

1. 매트를 편다.
2. 교구를 매트 위에 놓고 교구 내용물의 이름을 알려준다.
3. 세 손가락으로 집게를 들고 솜공 한 개를 집는다.
4. 오른쪽 그릇에 소리나지 않게 옮긴다.
5. 다른 솜공도 3, 4번과 같은 방법으로 모두 옮긴다.
6. 오른쪽 그릇의 솜공을 왼쪽 그릇에 3과 같은 방법으로 옮긴다.
7. 교구와 매트를 정리한다.

흥미점

1. 솜공 자체
2. 집게로 옮기는 것

잘못의 정정

1. 솜공을 집게에서 떨어뜨리는 것
2. 집게를 사용하지 않는 것

직접목적

1. 질서감의 발달
2. 눈과 손의 협응력 발달
3. 집중력의 발달
4. 독립심의 발달

간접목적

1. 집게 사용법을 안다.
2. 일상 생활 적응 및 훈련을 한다.

언 어

• 집게, 솜공, 쟁반, 그릇, 매트

연 령

• 3세 이상

변형 및 응용

• 다양한 내용물과 집게 사용

특기사항

• 내용물의 양은 나이를 고려하여 준비한다.

다양한 내용물과 집게 사용

숟가락 사용하기

돌리기

교 구

• 그릇 2개, 숟가락, 콩, 쟁반, 매트

준비단계

1. 옮겨 붓기를 해본 어린이
2. 교구가 준비되었는지 확인한다.
3. 어린이를 초대하여 교구를 소개한다.

시 범

1. 매트를 편다.
2. 교구를 매트 위로 놓고 교구 내용물의 이름을 알려준다.
3. 숟가락을 잡고 손목을 이용해 왼쪽 그릇의 콩을 푼다.
4. 그대로 옆의 그릇으로 가져가 그릇에 콩을 붓는다.
5. 콩이 없어질 때까지 위와 같은 방법으로 한다.
6. 콩이 조금 남으면 그릇을 기울여 콩을 옮긴다.
7. 오른쪽 그릇에 옮겨진 콩을 3~6번의 방법으로 왼쪽 그릇에 옮긴다.
8. 교구와 매트를 정리한다.

흥미점

1. 숟가락으로 콩을 푸는 것
2. 콩이 쏟아지는 소리

잘못의 정정

- 콩을 흘리는 경우

직접목적

1. 질서감의 발달
2. 눈과 손의 협응력 발달
3. 집중력의 발달
4. 독립심의 발달

간접목적

1. 숟가락 사용 방법을 안다.
2. 일상 생활 적응 및 훈련을 한다.

언 어

- 숟가락, 콩, 그릇, 매트

연 령

- 2.5세 이상

변형 및 응용

- 내용물을 숟가락으로 여러 그릇에 나누기

특기사항

1. 그릇은 나무로 된 것이 좋다.
2. 어린 유아일 경우 내용물의 양을 적게 한다.

병뚜껑 열고 닫기 ······ 돌리기

교 구

• 뚜껑이 있는 병들, 바구니, 매트

준비단계

1. 숟가락 사용하기를 경험한 어린이
2. 교구가 준비되었는지 확인한다.
3. 어린이를 초대하여 교구를 소개한다.

시 범 1

1. 매트를 편다.
2. 교구를 매트 위에 놓고 교구 내용물의 이름을 알려준다.
3. 바구니에서 병을 꺼내 왼쪽에서 오른쪽으로 나열한다.
4. 병을 한 손으로 잡고 다른 손으로 뚜껑을 잡은 후, 시계 반대 방향으로 열고 뚜껑을 병 아래 놓는다.
5. 나머지 병들도 위와 같은 방법으로 한다.
6. 병을 자기 앞으로 가져와 시계 방향으로 돌려 닫은 후 제자리에 놓는다.
7. 왼쪽에 있는 병부터 바구니에 정리한다.
8. 교구와 매트를 정리한다.

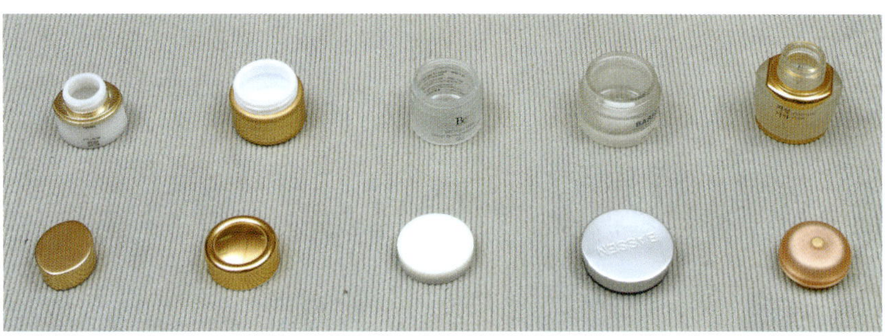

시 범 2

1. 시범 1의 1~4번과 같은 방법으로 한다.
2. 열어놓은 뚜껑을 섞어 놓는다.

3. 병 한 개를 자기 앞으로 가져와 맞는 뚜껑을 찾아 닫은 후, 제자리에 놓는다.
4. 나머지 병도 위와 같은 방법으로 한다.
5. 왼쪽에 있는 병부터 차례로 바구니에 넣어 정리한다.
6. 교구와 매트를 정리한다.

흥미점

1. 다양한 종류의 병을 보는 것
2. 병의 뚜껑을 열고 닫는 것
3. 뚜껑을 섞어 놓는 것

잘못의 정정

1. 병과 뚜껑이 맞지 않을 때
2. 뚜껑이 닫기지 않을 때
3. 뚜껑이 열리지 않을 때

직접목적

1. 질서감의 발달
2. 눈과 손의 협응력 발달
3. 집중력의 발달
4. 독립심의 발달

간접목적

1. 병을 열고 닫는 방법을 안다.
2. 일상 생활 적응 및 훈련을 한다.

언 어

• 병, 뚜껑, 바구니

연 령

• 2.5세 이상

변형 및 응용

1. 눈가리개를 하고 찾아서 뚜껑 닫기
2. 과자가루 만들기

특기사항

어린 유아일 경우, 병의 수를 줄인다.

과자가루 만들기

나사 빼기와 나사 끼우기

돌리기

교 구

• 크기와 모양이 다른 나사 3~6개 정도, 바구니, 매트

준비단계

1. 병뚜껑 열고 닫기를 경험해 본 어린이
2. 교구가 준비되었나 확인한다.
3. 어린이를 초대하여 교구를 소개한다.

시 범 1

1. 매트를 편다.
2. 교구를 매트 위에 놓고 교구 내용물의 이름을 알려준다.
3. 바구니에서 나사를 꺼내 왼쪽에서 오른쪽으로 나열한다.
4. 수나사에서 암나사를 뺀 후 아래에 놓는다.
5. 나머지 나사들도 위와 같은 방법으로 한다.
6. 수나사에 암나사를 끼워 시계 방향으로 끝까지 돌린 후, 제자리에 놓는다.
7. 나머지도 위와 같이 한다.
8. 왼쪽에 있는 나사부터 바구니에 정리한다.
9. 교구와 매트를 정리한다.

시 범 2

1. 시범 1의 1~4번과 같은 방법으로 한다.
2. 암나사를 섞어 놓는다.
3. 수나사와 맞는 암나사를 찾는다.
4. 시범 1의 6~9번과 같은 방법으로 한다.

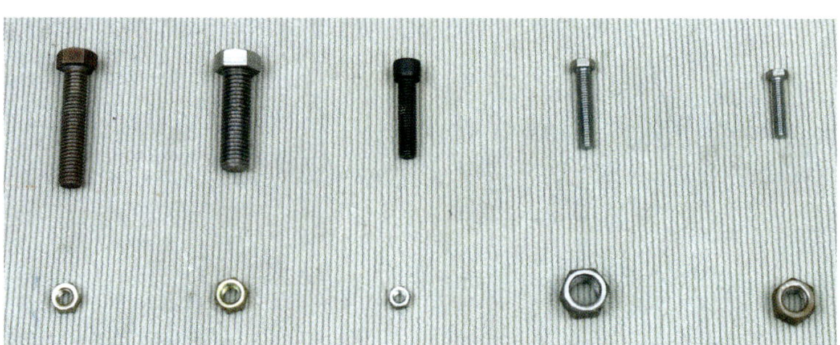

흥미점
1. 여러 가지 나사 모양
2. 암나사와 수나사를 분리하는 것
3. 암나사를 섞어 놓는 것
4. 수나사에 맞는 암나사를 찾는 것

잘못의 정정
1. 암 · 수 나사가 맞지 않을 때
2. 암 · 수 나사가 분리되지 않을 때

직접목적
1. 질서감의 발달
2. 눈과 손의 협응력 발달
3. 집중력의 발달
4. 독립심의 발달

간접목적
1. 나사를 빼고 끼우는 방법을 안다.
2. 여러 가지 모양의 나사가 있다는 것을 안다.
3. 일상 생활 적응 및 훈련을 한다.

언 어
• 암나사, 수나사, 바구니

연 령
• 3세 이상

변형 및 응용
1. 도구로 나사 끼우기
2. 시계, 전화기 등 분해하기
3. 수도꼭지 조립과 분해
4. 나무틀에 나사 끼우기

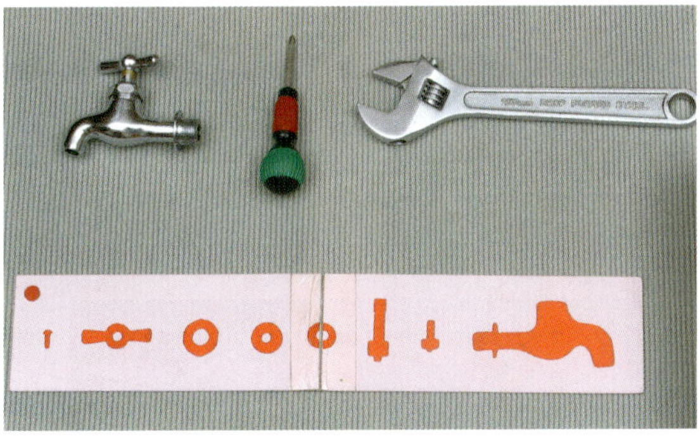

수도꼭지 조립하기

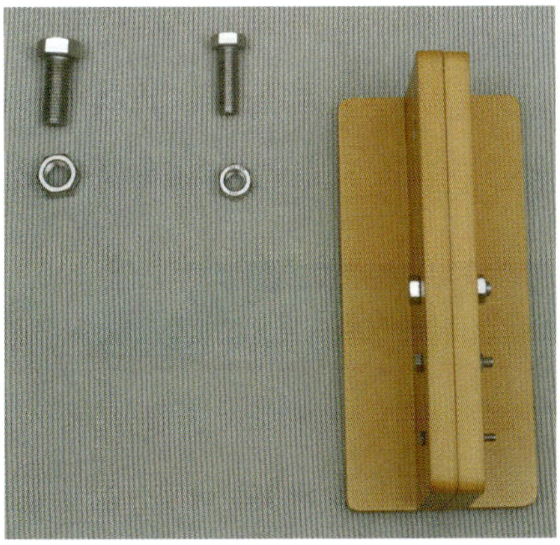

나무틀에 나사 끼우기

거품내기

돌리기

교 구

- 피처, 물비누, 순가락, 거품기, 스펀지, 거품내기 그릇, 고무주걱, 스펀지 담는 그릇, 양동이, 작은 타월, 책상, 앞치마
- 준비대 : 대걸레

준비단계

1. 돌리기 작업을 해본 어린이
2. 교구가 준비되었는지 확인한다.
3. 어린이를 초대하여 교구를 소개한다.

시 범

1. 교구가 준비되어 있는 책상으로 가서 교구 내용물의 이름을 알려준다.
2. 앞치마를 입고 소매를 걷는다.
3. 싱크대에 가서 피처에 정해진 양만큼 물을 받아온다.
4. 피처의 물을 거품내기 그릇에 붓고 입구를 스펀지로 닦는다.
5. 그릇에 물비누 한 순가락을 풀어준다.

6. 숟가락의 물기를 스펀지로 닦고 제자리에 놓는다.
7. 거품기를 그릇 가운데 놓고 한 손으로 움직이지 않게 잡고 한 손으로 손잡이를 돌린다.
8. 거품기를 돌려 거품이 아이스크림처럼 수북하게 올라오게 한다.
9. 거품기를 스펀지로 닦아 정리하고 거품을 양동이에 담는다.
10. 남아 있는 거품을 고무주걱으로 긁어내어 양동이에 담는다.
11. 양동이를 들고 싱크대로 가져가 거품을 쏟고 물로 헹군 후, 물을 받아온다.
12. 스펀지를 양동이에 담궜다가 꼭 짠 후 그릇을 닦는다.
13. 거품기를 양동이로 가져가 물에 적신 스펀지를 거품기 위에서 짜며, 흐르는 물에 거품기를 씻는다.
14. 거품기의 물기를 스펀지로 닦아 제자리에 정리한다.
15. 고무주걱도 제자리에 정리한다.
16. 스펀지로 책상의 흘린 물을 닦고 빨아 제자리에 놓는다.
17. 작은 타월로 손을 닦는다.
18. 양동이를 싱크대에 가져가 물을 버리고 헹구어 가져온다.
19. 양동이 입구의 물기를 스펀지로 닦고 정리한다.
20. 흘린 물이 있으면 대걸레를 가져와 닦는다.
21. 앞치마를 벗고 소매를 내린다.

흥미점

1. 거품기를 이용해 거품을 내는 것
2. 거품이 아이스크림처럼 수북히 오르는 것
3. 거품을 고무주걱으로 긁어내는 것
4. 거품기를 흐르는 물에 씻는 것

잘못의 정정

1. 거품이 잘 나지 않는 것을 보는 것
2. 거품이 바닥에 흐른 것을 보는 것
3. 거품기를 잘 사용하지 못하는 경우

직접목적

1. 질서감의 발달
2. 눈과 손의 협응력 발달
3. 집중력의 발달
4. 독립심의 발달

간접목적

1. 거품기 사용 방법을 안다.
2. 일상 생활 적응 및 훈련을 한다.

언 어

- 피처, 물비누, 숟가락, 거품기, 스펀지, 작은 타월, 그릇, 양동이, 고무주걱, 거품, 대걸레

연 령

- 4세 이상

변형 및 응용

1. 그릇을 하나 추가하여 숟가락으로 거품 떠서 옮기기
2. 국수기계 돌리기
3. 사과 껍질 벗기기
4. 원두커피 갈기
5. 깨소금 갈기

특기사항

1. 비누 거품을 모아서 빨래를 한다.
2. 서서 활동할 수 있도록 높은 책상에 교구를 준비한다.
3. 물의 양과 비누의 양은 교사가 시험해 보아 결정한다.

사과 껍질 벗기기

국수기계 돌리기

원두커피 갈기

자물쇠와 열쇠

돌리기

교 구

• 자물쇠 3~5개, 열쇠 3~5개, 바구니 2개, 쟁반, 매트

준비단계

1. 나사 돌리기를 해본 어린이
2. 교구가 준비되었나 확인한다.
3. 어린이를 초대하여 교구의 이름을 소개한다.

시 범

1. 매트를 편다.
2. 교구를 매트 위에 놓고 교구 내용물의 이름을 알려준다.
3. 바구니에 있는 자물쇠를 왼쪽부터 나열한다.
4. 열쇠를 순서 없이 자물쇠 밑에 왼쪽부터 나열한다.
5. 한 손으로 자물쇠를 잡고 다른 손으로 열쇠를 잡아 구멍에 넣는다.
6. 자물쇠에 열쇠가 맞으면 열어서 제자리에 놓는다.
7. 열쇠가 맞지 않으면 다른 열쇠를 넣어본다.
8. 나머지 자물쇠도 위와 같은 방법으로 반복한다.
9. 왼쪽부터 한 손으로 자물쇠를 잡고 다른 손으로 열쇠를 잡아 누르고 돌려서 뺀다.

10. 나머지도 위와 같은 방법으로 한다.
11. 교구와 매트를 정리한다.

흥미점

1. 열쇠를 구멍에 집어넣는 것
2. 자물쇠에 맞는 열쇠를 찾는 것
3. 자물쇠가 열릴 때 나는 소리를 듣는 것
4. 자물쇠가 잠기고 열리는 것

잘못의 정정

1. 열쇠와 자물쇠가 맞지 않는 것
2. 열리지 않는 것

직접목적

1. 질서감의 발달
2. 눈과 손의 협응력 발달
3. 집중력의 발달
4. 독립심의 발달

간접목적

1. 열쇠를 이용해 자물쇠를 여는 방법을 안다.
2. 일상 생활 적응 및 훈련을 한다.

언 어

- 열쇠, 자물쇠

연 령

- 3세 이상

변형 및 응용

- 문 개폐기 이용

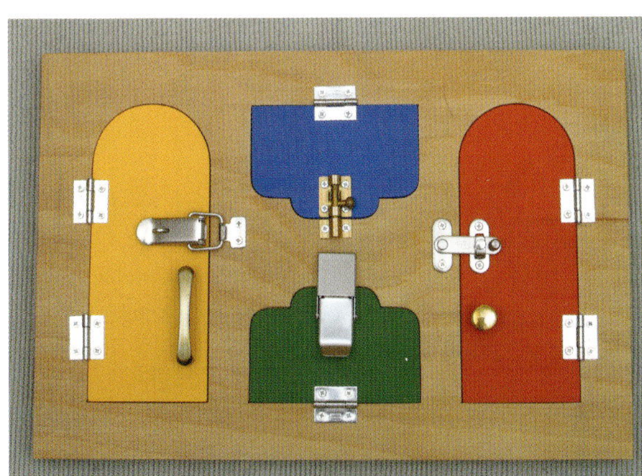

문 개폐기

바느질하기

바느질

교 구

• 디자인 종이, 끈, 실패, 가위, 바늘, 바늘꽂이, 작은 그릇, 연필, 작은 매트, 바구니, 매트

준비단계

1. 위험한 물건을 다룰 줄 아는 어린이
2. 교구가 준비되었는지 확인한다.
3. 어린이를 초대한다.

시 범 1 (직선 바느질)

1. 매트를 편다.
2. 교구를 매트 위에 놓고 교구 내용물의 이름을 알려준다.
3. 교구를 왼쪽에서 오른쪽으로 나열한다.
4. 직선 모양의 디자인 종이를 작은 매트 위에 가져다 놓는다.
5. 끈을 가져와 직선으로 펼쳐 놓고 실패의 실을 길이만큼 자른다.
6. 바늘에 실을 끼워 똑같은 길이로 맞추어 매듭을 짓는다.
7. 작은 매트 위에 종이를 놓고 점 따라 바늘로 구멍을 낸 후, 구멍을 따라 바늘을 꽂고 뒤집어서 뺀다.
8. 위와 같은 방법으로 계속 한다.
9. 바늘에 가깝게 실을 자른다.
10. 원을 만들고 실을 원 안으로 넣어 매듭을 만들어 위를 자른다.
11. 남은 실을 작은 그릇에 담아 쓰레기통에 버린다.
12. 바느질한 종이에 연필로 이름을 쓴다.
13. 교구와 매트를 정리한다.

모양이 그려진 바느질하기

시 범 2 (모양이 그려진 바느질 하기)

• 그림 모양대로 점 따라 구멍을 낸 후 시범 1과 같은 방법으로 한다.

흥미점

1. 바느질하는 것
2. 점 따라 바늘로 구멍을 내는 것
3. 꽂고, 뒤집고, 빼는 반복되는 움직임
4. 매듭을 짓는 것

잘못의 정정

1. 점을 빼놓고 건너뛰었을 때
2. 겉에서 안, 안에서 겉으로 번갈아 바늘이 꿰어 있지 않을 때
3. 매듭이 구멍에서 빠져나올 때
4. 겹쳐서 바느질을 했을 때

직접목적

1. 질서감의 발달
2. 눈과 손의 협응력 발달
3. 집중력의 발달
4. 독립심의 발달

간접목적

1. 바느질하는 방법을 안다.
2. 일상 생활 적응 및 훈련을 한다.

언 어

- 디자인 종이, 끈, 실패, 가위, 바늘, 바늘꽂이 그릇, 연필, 바구니

연 령

- 3.5세 이상

변형 및 응용

1. 작은 천으로 간단한 주머니 만들기
2. 뚫린 모양 판에 끈으로 끼우기
3. 수틀 바느질

수틀 바느질

단추 달기

바느질

교 구

- 옷그림, 끈, 실, 가위, 바늘꽂이, 바늘, 그릇, 단추, 연필, 매트, 바구니

준비단계

1. 바느질하기를 해본 어린이
2. 교구가 준비되어 있는지 확인한다.
3. 어린이를 초대하여 교구를 소개한다.

시 범

1. 매트를 편다.
2. 교구를 매트 위에 가지고 온다.
3. 교사가 사용하지 않는 손 옆에 어린이를 앉게 하고 교구 내용물의 이름을 알려준다.
4. 끈에 맞추어 실을 잘라 바늘에 실을 끼운 후 매듭을 짓는다.
5. 작은 매트 위에 옷그림을 놓는다.
6. 단추를 선택해서 옷그림 위에 단추를 맞추고, 종이의 뒤편에서 시작한다.
7. '꽂고', '뒤집고', '빼고' 를 한다.
8. 나머지 단추구멍에 6~7번을 반복하고 가위로 실의 끝을 자른 후 매듭을 짓는다.
9. 자르고 남은 실을 그릇에 버리고 바늘은 바늘꽂이에 꽂는다.
10. 나머지 단추도 4~8번을 반복한다.
11. 작은 그릇의 실을 쓰레기통에 버리고 작업종이에 이름을 쓴다.
12. 교구와 매트를 정리한다.

흥미점

1. 바늘에 실을 끼우는 것
2. 단추구멍에 맞추어 바늘을 꽂는 것
3. 단추를 달아보는 것
4. 옷모양에 단추가 달려 있는 모양

잘못의 정정

1. 단추가 달려지지 않는 경우
2. 단추와 바늘구멍에 바늘을 꽂지 못할 경우
3. 실이 엉키는 경우

직접목적

1. 질서감의 발달
2. 눈과 손의 협응력 발달
3. 집중력의 발달
4. 독립심의 발달

간접목적

1. 옷에 단추 다는 방법을 안다.
2. 일상 생활 적응 및 훈련을 한다.

언 어

- 종이, 가위, 단추, 꽂고, 뒤집고, 빼고, 매듭, 끈, 실, 바늘꽂이, 바늘, 그릇, 바구니,

연 령

- 4세 이상

변형 및 응용

1. 천에 단추 달기
2. 여러 가지 모양의 단추 옷에 달기

특기사항

1. 단추구멍을 2개에서 4개로 늘일 수 있다.
2. 옷의 모양을 다르게 준비해 준다.
3. 종이 옷그림에는 종이 단추 사용한다.

천에 단추 달기

5. 대근육 발달

못박기

선 따라 걷기

못박기

교 구

• 통나무, 니퍼, 못(3~5개), 못 담는 그릇, 망치, 매트, 쟁반

준비단계

1. 위험한 물건 다루기를 해본 어린이
2. 교구가 준비되었는지 확인한다.
3. 어린이를 초대하여 교구의 이름을 소개한다.

시 범

1. 매트를 통나무 오른쪽에 편다.
2. 교구를 매트 위로 가져온다.
3. 작업 순서대로 교구를 왼쪽에서 오른쪽으로 나열하고 교구 내용물의 이름을 알려준다(니퍼 → 못이 담긴 용기 → 망치).
4. 니퍼를 통나무 위에 올려놓는다.
5. 못을 니퍼의 벌려진 사이에 끼우고, 한 손으로 못이 고정되게 니퍼를 잡는다.
6. 다른 손으로 망치를 들어 못을 박는다.
7. 같은 방법으로 준비된 못을 통나무에 박고 니퍼를 내려 놓는다.
8. 한 손으로 망치의 손잡이를 다시 고쳐잡는다.
9. 다른 손으로 통나무를 고정되게 누르고, 망치의 뒷부분(V자 사이)에 못을 끼워 바닥에 댄 상태에서 안쪽으로 당겨 못을 뺀다.
10. 못을 그릇에 담고 굽어진 못은 준비된 재활용통에 넣는다.
11. "다른 친구를 위해 새 못을 가져다 놓아요."라고 말하고 새 못을 가져다 놓는다.
12. 교구와 매트를 정리한다.

흥미점

1. 못이 통나무에 들어가는 것을 보는 것
2. 망치로 치는 것
3. 못을 빼는 것
4. 니퍼로 못을 잡는 것

잘못의 정정

1. 못이 들어가지 않았을 경우
2. 못이 빠지지 않을 경우
3. 니퍼로 못을 고정하지 못할 경우

직접목적

1. 질서감의 발달
2. 눈과 손의 협응력 발달
3. 집중력의 발달
4. 독립심의 발달

간접목적

1. 망치의 사용법을 안다.
2. 일상 생활 적응 및 훈련을 한다.

언 어

• 망치, 못, 니퍼, 통나무

연 령

• 4세 이상

변형 및 응용

1. 찰흙에 못박기
2. 스펀지에 못박기 : 못의 길이보다 두께가 두꺼운 것 준비
3. 콜크에 못박기

찰흙에 못박기

스펀지에 못박기

선 따라 걷기

교 구

• 교실 바닥의 선, 녹음기, 조용한 음악

준비단계

1. 교사가 시범 보일 준비가 되었는지 확인한다.
2. 어린이에게 선 따라 걷기를 하자고 초대한다.

시 범

1. 어린이와 함께 선이 그려진 곳으로 간다.
2. 어깨를 펴고 바른 자세로 선 위에 선다.
3. 한쪽 발을 들어 다른 발 앞에 뒤꿈치를 내려놓으며, 앞부분을 내딛는다.
4. 3번을 반복하며 선 위를 걷는다.

흥미점

1. 선 위로 따라 걷는 것
2. 몸의 균형을 잡는 것
3. 집중하는 것

잘못의 정정

1. 몸의 균형을 잡지 못하는 것
2. 앞친구를 미는 것
3. 너무 천천히 걸으며 방해할 때

직접목적

1. 질서감의 발달
2. 눈과 손의 협응력 발달
3. 집중력의 발달
4. 독립심의 발달

간접목적

• 걸으면서 몸의 균형을 잡는 방법을 안다.

언 어

• 선 따라 걷기, 왼발, 오른발, 뒤꿈치, 음악

연 령

• 2세 이상

변형 및 응용

1. 다양한 물건을 들고 걷기(종, 병, 물컵, 촛불 등)
2. 평균대 걷기
3. 발 앞부분으로 걷기
4. 손을 뒤로 하고 걷기
5. 팔을 벌리고 걷기

다양한 물건 들고 걷기

팔을 벌리고 걷기

6. 사회 생활 발달

간　식

예　절

간 식

교 구

• 우유, 컵, 간식, 냅킨, 접시, 포크, 간식 책상

준비단계

1. 간식이 준비되었는지 확인한다.
2. 어린이를 초대한다.

시 범

1. 어린이와 간식이 준비되어 있는 책상으로 간다.
2. 어린이에게 오늘의 간식을 소개한다(교구 내용).
3. 우유를 컵의 2/3 정도 따르게 하고 간식을 접시에 담는다.
4. 책상에 앉아 간식을 먹고 냅킨으로 입을 닦고 주변을 정리한다.
5. 사용한 접시와 포크, 컵들을 싱크대에서 씻고 제자리에 놓게 한다.

흥미점

간식 준비를 스스로 하는 것

잘못의 정정

1. 우유를 흘렸을 때
2. 그릇씻기를 하지 않았을 때
3. 간식 책상이 정리되지 않았을 때

직접목적

1. 질서감의 발달
2. 눈과 손의 협응력 발달
3. 집중력의 발달
4. 독립심의 발달

간접목적

1. 간식 준비하는 방법을 안다.
2. 다른 친구를 배려하는 것을 안다.

언 어

- 우유, 컵, 간식접시, 포크, 냅킨, 간식책상

연 령

- 4세 이상

변형 및 응용

1. 간식의 내용을 다양하게 준비해 준다.
2. 그룹 간식을 준비할 수 있다.
3. 간식을 요리해서 먹을 수 있다.

특기사항

1. 오늘의 간식에 대한 소개를 간식 책상 위에 붙여 놓고 자유롭게 먹을 수 있도록 한다 (예 과자 3, 우유 1컵).
2. 요리를 필요로 하는 간식은 요리 순서를 붙여준다(예 크래커에 잼을 발라 먹기).
3. 음식을 먹을 때 항상 "감사합니다" 인사를 하게 한다.
4. 음식을 먹기 전에 손씻기를 하게 한다.

예 절

1 다른 사람에게 인사

- (악수를 하는 경우) 바른 자세로 서서 오른손을 뻗어서 상대의 오른손을 가볍게 잡고 눈을 보면서 미소짓는다.
- (서서 인사할 경우) 등을 바르게 펴고 여자는 오른손이 위로, 남자는 왼손이 위로 올라오게 놓고 머리를 천천히 숙이면서 인사한다.

2 처음 만나는 사람에게 자기 소개

- 자기 이름을 상대방이 들을 수 있도록 자신있는 목소리로 소개한다.

  상대가 어른일 경우 : 저는 ○○○입니다.

  상대가 친구일 경우 : 나는 ○○○야.

3 '고맙습니다' 의 사용

- (고마움의 말을 할 경우) 호의를 받는 쪽은 '고맙습니다' 라고 한다. 그때에 상대의 눈을 보고 웃으면서 말한다.

4 '미안합니다' 의 사용

- 상대편을 불편하게 했을 때
- 사람에게 부딪쳤을 때
- 잘못해서 꽃병을 쓰러뜨렸을 때, 교재를 떨어 뜨렸을 때

5 '실례합니다' 의 사용

- 선생님이나 친구가 아직 식사중에, 자기가 먼저 식탁에서 일어나고 싶을 때
- 여러 사람이 즐겁게 이야기를 하고 있는 중에 자리에 앉을 때
- 타인의 대화중에, 어쩔 수 없이 그 중의 한 사람에게 용무가 있을 때
- 사람 앞을 지나가고 싶을 때

6 다른 사람의 이야기를 들을 때의 태도
- 말하는 사람의 눈을 바로 보고 상대의 이야기가 끝날 때까지 조용하게 듣는다.

7 다른 사람 앞에서 이야기할 때의 태도
- 듣는 사람 쪽을 보고, 알기 쉬운 말로 똑똑하게 말한다.

8 다른 사람을 초대할 때
- 초대하고 싶은 친구에게 가서 "나와 같이 작업하지 않을래?"라고 정중하게 묻는다.

9 친구의 작업을 관찰할 때
- 관찰하고 싶은 친구가 작업하는 곁으로 다가간다. 그 친구에게 양해를 구한다. "봐도 되니?" "해도 되니?"
- 지켜보는 어린이는 친구의 도중에는 말을 걸거나 소리를 내거나, 손을 함부로 내밀어 만지거나 하여 방해해서는 안 된다.

10 도움을 청할 때와 도움을 받고 난 후
- (도움을 청할 때) 친구에게 다가가서 "미안한데 나 좀 도와줄 수 있니?"라고 눈을 보고 정중하게 이야기한다.
- (도움을 받고 난 후) "도와줘서 고마워."라고 정중하게 미소지으며 이야기한다.

11 도움을 주고 싶을 때
- 도움 주고 싶은 친구에게 가서 "내가 도와줄까?", "내가 도와줘도 되겠니?"라고 이야기한다.

12 다른 사람을 부를 때
- 친구의 옆에 가서 조용하게 이름을 부른다.

참고 문헌

강수명 (1999). Montessori 교육이 유아의 친사회적 행동에 미치는 효과. 건국대학교 교육대학원 석사학위논문.

구경선 (2002). Montessori, 위대한 교육사상가들 Ⅴ. 연세대학교 교육철학연구회편. 서울: 교육과학사.

송필연 (2000). Montessori 교사교육에 대한 Montessori 교사의 인식. 건국대학교 교육대학원 석사학위논문.

오금희 (2001). 몬테소리의 유아교육. 서울: 문음사.

이명환 · 곽노의 (2001). 몬테소리 교육학과 발도르프 교육학. 서울: 밝은누리.

이상금 · 지경애 (1996). 몬테소리교육. 서울: 교문사.

이상금 (역) (1999). Montessori 교육법. 서울: 교문사.

이순종 (2003). Maria Montessori의 우주교육론 연구. 대구가톨릭대학교 대학원 박사학위논문.

이승연 (2000). 몬테소리 교육 프로그램을 도입한 유치원의 운영현황에 관한 연구. 이화여자대학교 교육대학원 석사학위논문.

이용례 (2004). Montessori 프로그램의 수학 연한이 유아의 창의성, 지능, 상호작용에 미치는 영향. 원광대학교 대학원 박사학위논문.

이은숙 (1999). Montessori 프로그램에 대한 학부모와 교사의 인식비교 연구. 숙명여자대학교 대학원 석사학위논문.

조옥희 · 권영자 (1999). 3 · 4 · 5세 유아를 위한 Montessori 유아교육. 서울: 중앙적성출판사.

조옥희 (역) (2001). 마리아 몬테소리. 서울: 양서원.

한국흠 (1999). Montessori 수학교육이 유아의 수개념 발달에 미치는 효과. 동국대학교교육 대학원 석사학위논문.

Kramer, R. (1983). *Maria Montessori-A Biography*. Chicago: University of Chicago Press.

Lillard, P. P. (1972). *Montessori-A Modern Approach*. N. Y.: Schocken Books Inc.

Montessori, M. (1955). *Formazione dell' uomo*. Garzanti.

________ (1962). *The Discovery of the Child*. N. Y.: Ballantine Books.

________ (1966). *Uber die Bildung des Menschen*. Freiburg.

________ (1988). *The Secret of Childhood*. N. Y.: Ballantine Books.

________ (1995a). *Absorbent Mind*. N. Y.: Henry Holt And Company.

________ (1995b). *Kinder sind anders*. Munchen.

Standing, E. M. (1984). *Maria Montessori: Her Life and Work*. N. Y.: New American Library.

집필진 소개

■ 김수은 (AMS '93년 졸업)
이화여자대학교 사범대학 교육학과. 서래몬테소리유치원 원장 역임.
한국걸스카우트연맹 부총재 역임.
현재 걸스카우트세계연맹 OB-PS 이사. 한일여성친선협회 이사.
한미몬테소리협회 회장

■ 송필연 (AMS '90년 졸업)
건국대학교 교육대학원. 해림유치원 원장

■ 이승연 (AMS '90년 졸업)
이화여자대학교 교육대학원
한미몬테소리협회 영어 프로그램 Director

■ 이은숙 (AMS '93년 졸업)
숙명여자대학교 대학원. 반디유치원 원장

■ 손신혜 (AMS '94년 졸업)
이화여자대학교 교육대학원. 근화유치원 원장

■ 한국흠 (AMS '94년 졸업)
동국대학교 교육대학원. 연세유치원 원장

■ 김세하 (AMS '95년 졸업)
숙명여자대학교 아동복지학과 박사. 나무아동상담연구소 소장

■ 정경애 (AMS '95년 졸업)
인제대학교 교육대학원. 울산 창의교육원 원장

■ 이용례 (AMS '95년 졸업)
원광대학교 대학원(문학박사). 전주 호반유치원 원장

■ 이재선 (AMS '95년 졸업)
울산대학교 교육대학원. 울산 남선미유치원 원장

■ 진금옥 (AMS '96년 졸업)
탐라대학교 교육대학원(석사과정). 제주 동산밭 어린이집 원장

■ 이순종 (AMS '01년 졸업)
교육학 박사. 한별유치원 원장. 대경대학 유아교육과 교수

■ 박명숙 (AMS '01년 졸업)
인제대학교 교육대학원. 김해 빛누리유치원 원장

증보

몬테소리 일상 생활 영역

초 판 1쇄 발행 2004년 2월 19일
초 판 5쇄 발행 2013년 8월 22일
증 보 2쇄 발행 2022년 1월 6일

지은이 | 한미몬테소리협회
펴낸이 | 김기섭
펴낸곳 | 창지사 www.changjisa.com
08589 서울시 금천구 가산디지털 1로 83 파트너스타워 1차 9층
전화 (02) 719-2211~3
팩스 (02) 701-9386
등 록 | 1977년 4월 28일 · 제1-421호

ISBN 978-89-426-0941-3 (93370)

값 13,000원